L'art à Amiens vers la fin du moyen âge dans ses rapports avec l'école flamande primitive,

par Mgr C. Dehaisnes, archiviste honoraire du Nord.

EXTRAIT DE LA REVUE DE L'ART CHRÉTIEN.

Tome VII, 1889 et tome I, 1890.

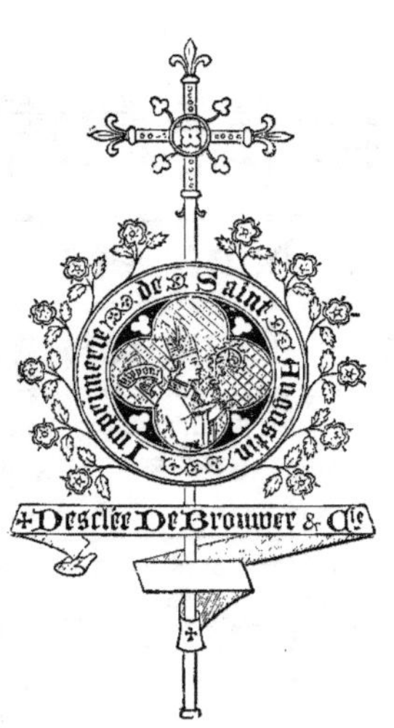

Imprimerie de Saint Augustin
Desclée De Brouwer & Cie

L'art à Amiens vers la fin du moyen âge dans ses rapports avec l'école flamande primitive.

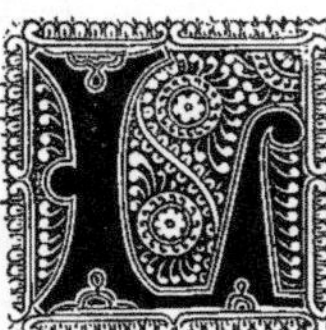

A ville d'Amiens, comme toutes les autres cités épiscopales du Nord de la France et des Pays-Bas, a vu se produire dans son sein, du XIVᵉ au XVIᵉ siècle, un puissant mouvement artistique. Un nombre considérable d'architectes, de sculpteurs, de peintres, de verriers, d'orfèvres et de brodeurs ont décoré ses églises, ses monuments publics et les autels de ses confréries.

Les écrivains qui se sont occupés de l'histoire de l'art à Amiens vers la fin du moyen âge, MM. Dusevel, Rigollot et Breuil, savants membres de la Société des Antiquaires de la Picardie, ont attribué le mouvement dont nous venons de parler à l'influence des Van Eyck et de l'École flamande primitive. D'après ces auteurs, « plusieurs des statues conservées à Amiens « rappellent le genre flamand du XVᵉ siècle, « et les meilleurs tableaux de cette époque, « qu'on y trouve encore aujourd'hui, ont eu « pour auteurs soit des artistes flamands, « soit des disciples de ces artistes (¹). »

En nous livrant à des recherches et à des travaux sur l'histoire de l'art dans le Nord de la France et les Pays-Bas, nous n'avons pu nous dispenser de tenir compte de l'opinion émise par les écrivains amiénois et d'essayer de déterminer ce qu'elle peut avoir de vrai ou d'inexact. Nous avons été ainsi amené à aller étudier l'art à Amiens, et dans les monuments encore aujourd'hui conservés et dans les documents imprimés ou manuscrits.

La perte si regrettable d'une partie des archives de la cathédrale prive presque complètement l'histoire d'indications précises sur les noms et le lieu d'origine des artistes qui ont exécuté des travaux dans cet édifice. Mais il est possible de faire connaître et d'apprécier une partie de leurs œuvres, en étudiant les sculptures et les peintures qui se voient encore dans la cathédrale, l'évêché et le Musée, et à l'aide des indications qui se rencontrent dans quelques manuscrits de la bibliothèque et dans le volumineux travail consacré à sa ville natale par le marchand amiénois, Jean Pagès (¹).

Les archives communales d'Amiens possèdent une série presque complète des comptes de la ville depuis 1382 jusqu'à la Révolution. C'est une mine précieuse où M. Dusevel a trouvé un certain nombre de curieux renseignements insérés dans sa brochure sur les ouvrages exécutés dans la ville d'Amiens pendant les XIVᵉ, XVᵉ et XVIᵉ siècles ; mais cette publication est loin d'être complète et elle ne donne point les textes. Nous avons revu tous les comptes pour la période de temps dont nous nous occupons et nous en avons extrait tous les passages relatifs à l'histoire de l'art : ce travail nous permet de mettre au jour un

---

1. Dusevel, *Recherches historiques sur les ouvrages exécutés dans la ville d'Amiens pendant les XIVᵉ, XVᵉ et XVIᵉ siècles*, brochure de 43 pages ; Amiens, 1858, p. 19. — Rigollot et A. Breuil, *Les œuvres d'Art de la confrérie de Notre-Dame du Puy*, travail publié dans les *Mémoires des Antiquaires de Picardie*, IIᵉ série, t. V, p. 399.

---

1. *Manuscrits de Pagès*, écrits à la fin du XVIIᵉ et au commencement du XVIIIᵉ siècle, mis en ordre et publiés par Louis Douchet ; 5 vol. Amiens, 1858.

grand nombre de mentions inconnues ou au moins inédites, où se rencontrent des indications précises sur les noms et les travaux de beaucoup d'artistes employés par les échevins pour la construction et l'ornementation de l'hôtel-de-ville, du beffroi et de tous les autres édifices publics.

Il y a eu à Amiens une institution toute spéciale à la Picardie qui a contribué à y répandre, avec le goût de la poésie, celui de la peinture ; la confrérie de Notre-Dame du Puy. Plusieurs des nombreux tableaux exécutés pour les maîtres en charge de cette confrérie existent encore aujourd'hui ; nous les avons étudiés et décrits avec soin en les comparant aux œuvres contemporaines de l'École flamande et de l'École française.

Presque tous les faits et les noms dont il sera question dans les pages qui suivent se rapportant soit à la cathédrale, soit aux édifices de la ville, soit à la confrérie de Notre-Dame du Puy, nous les avons groupés sous ces trois chefs ; ils forment ainsi les trois premiers paragraphes de notre travail. Dans le quatrième, nous ferons connaître nos appréciations, au sujet des rapports de l'art à Amiens avec l'École flamande primitive. Loin de nous la prétention d'exposer dans son ensemble la situation artistique de la capitale de la Picardie, du XIVe au XVIe siècle. Nous en traçons une esquisse ; un érudit Amiénois en écrira l'histoire.

I.
Travaux d'art exécutés dans la cathédrale.

LA cathédrale d'Amiens, « l'église ogivale par excellence (¹) », a eu pour premier architecte Robert de Luzarches, qui était de l'Ile de France, et elle a été continuée par Thomas et Renaud de Cormont, dont les noms indiquent une origine française, sinon picarde. Elle appartient, par ses architectes comme par sa structure et son style, au gothique XIIIe siècle de l'Ile de France.

Mais elle n'était pas encore achevée au siècle suivant. Les deux tours de la façade ne s'élevaient que jusqu'à la grande rosace. L'évêque Jean de Cherchemont fit construire, vers 1366, la partie supérieure de ces deux tours et la galerie qui les unit l'une à l'autre. Ce fut peut-être l'œuvre de Pierre Largent, maître dont le nom rappelle celui de Gilles Largent, architecte des églises de Saint-Quentin et d'Arras, qui vivait à la même époque et qui fut mandé à Cambrai pour la construction d'une porte (¹).

Peu de temps après, Jean de la Grange, évêque de 1373 à 1375, fit exécuter un travail, qui amena les constructions de chapelles latérales ouvertes de chaque côté, depuis le portail jusqu'au transept. Cette adjonction, peut-être aussi l'œuvre de Pierre Largent, nuisit à la solidité et à l'ensemble de l'édifice; mais elle donna lieu à divers travaux de sculpture, intéressants au point de vue qui nous occupe. Sur le pilier angulaire de la tour de gauche furent posées et se voient encore aujourd'hui huit statues colossales en pierre, portées par des piédestaux et surmontées d'un dais, avec trois autres personnages placés sur le pilier qui se trouve au-delà de la première fenêtre. Ces statues représentent la Vierge avec l'Enfant Jésus, ayant à ses pieds un ange qui touche le rebec, le roi Charles V, le dauphin Charles, Louis d'Orléans, second fils du roi, le cardinal de La Grange, son premier ministre, Jean Bureau de la Rivière et plusieurs autres

---

1. Viollet-le-Duc, *Dictionnaire d'architecture*, t. II, p. 328. La cathédrale d'Amiens est, comme plan et comme structure, l'église ogivale par excellence.

1. Dehaisnes, *Histoire de l'art dans la Flandre, l'Artois et le Hainaut, avant le XVe siècle* Lille, Quarré, 1886, p. 282 et 299. Id., *Documents*, p. 691, 773, 793, etc.

officiers du prince. Le caractère de ces œuvres est beaucoup moins puissant que celui des sculptures du portail; elles se font remarquer par la recherche de la vérité et par une certaine élégance ; les vêtements sont très bien portés. Si on y retrouve encore des vestiges de l'École de sculpture française, on y saisit déjà l'influence de l'École du Nord de la France. Les types flamands et picards se distinguent dans les têtes. L'influence du Nord se remarque davantage encore dans les huit statues, notablement moins gracieuses, posées sur les piliers qui séparent les unes des autres la seconde, la troisième et la quatrième fenêtre du côté gauche, et, surtout en ce qui concerne le type picard, sur les piliers séparant les fenêtres du côté droit où sont sculptés l'Annonciation, la Transfiguration, saint Nicolas, et des marchands de wèdes (1) qui avaient fondé une chapelle.

L'extérieur de la cathédrale subit en 1529 une autre modification importante. Le clocher central ayant été détruit par la foudre en 1527, l'évêque et le chapitre adoptèrent en 1529 le plan d'une nouvelle flèche qui leur avait été présenté par un charpentier nommé Louis Cordon, du village de Cottenchy près d'Amiens (2). Celui-ci s'associa un autre charpentier picard, Simon Tanneau, et le plombier de la cathédrale Jean Pingard : en 1533, ces trois maîtres ouvriers avaient achevé le clocher octogonal, encore aujourd'hui debout, qui mesure 60 mètres à partir de la toiture du transept. Cette flèche manque d'ampleur à sa base ; mais elle est en elle-même un chef-d'œuvre d'élégance. Ses huit statues du premier étage, ses huit anges du second et ses gargouilles et rampants, travaux attribués à

un entailleur d'images dont on trouve le nom dans les comptes de la ville, Jean de Tombe, sont de remarquables ouvrages de sculpture.

C'est surtout dans l'intérieur de l'édifice que furent exécutés au XIVe, au XVe et au XVIe siècle, des travaux de sculpture, de peinture et d'orfèvrerie. Dans la cathédrale d'Amiens, comme dans celles de Cambrai, d'Arras, de Tournai et de Saint-Omer, se voyaient partout des sépultures monumentales, des bas-reliefs, des groupes, des statues. Nous avons trouvé à ce sujet, dans l'ouvrage de Pagès et dans le manuscrit n° 517 de la bibliothèque d'Amiens, un nombre très considérable de mentions qu'il serait très intéressant de reproduire pour donner une idée de l'importance du mouvement artistique qui s'est produit à Amiens et surtout dans la cathédrale (1). Mais nous ne parlerons ici que des monuments encore aujourd'hui conservés, et qu'il est par conséquent possible d'apprécier au point de vue des rapports qu'ils peuvent présenter avec l'art du Nord de la France et des Pays-Bas.

« Il y a, dit M. Viollet-le-Duc, dans la « chapelle du chevet de la cathédrale, deux « tombeaux en forme de niche couverte par « une arcade basse surmontée d'un gable. « Sur les socles qui portent les statues des « défunts, sont sculptés dans de petites « niches, des personnages religieux, cha- « noines et laïques, qui composent le cortège « accompagnant les corps à leur dernière « demeure (2) ». Ces deux monuments, consacrés à la mémoire de Simon Goucans, évêque d'Amiens, mort en 1325, et à celle du chanoine Thomas de Savoie, décédé dix ans plus tard, présentent encore en partie

---

1. Les wèdes étaient une plante tinctoriale que l'on cultivait dans le nord de la France au moyen âge.

2. Gilbert, *Description de la cathédrale d'Amiens*, p. 90.

1. Pagès, *ouv. cité.*

2. Viollet-le-Duc, *Dictionnaire d'Architecture*, t. IX, p. 38.

le caractère de la sculpture française dans les statues des défunts ; mais on trouve l'influence flamande dans la naïve exagération des sentiments qui animent les pleureurs et dans la présence même de ces petits personnages sur les tombeaux, ce qui paraît avoir été imité d'un usage déjà suivi en Flandre au XIIIᵉ siècle et au commencement du XIVᵉ (1).

Du riche monument funéraire de l'évêque Jean de Lagrange, mort en 1402, il ne reste qu'une statue en marbre blanc, conservée sous une arcade basse derrière le maitre-autel, qui montre dans son ensemble de belles lignes, tandis que la tête, malheureusement mutilée, indique plutôt les tendances de l'art du Nord.

Dans le mur de la chapelle de Saint-Pierre et de Saint-Paul, actuellement désignée sous le vocable de Saint-Joseph, est encastrée la plaque en cuivre gravée, qui rappelle une fondation faite par Jean Avantage, chanoine à Saint-Pierre de Lille et évêque d'Amiens, mort en 1456. Dans la partie supérieure de cette plaque, on voit la Vierge avec l'Enfant-Jésus en ses bras, assise dans un large siège, et à ses genoux Jean Avantage, qui lui est présenté par saint Jean l'Évangéliste ; au-dessous une longue inscription en beaux caractères gothiques fait connaitre la fondation. La lame en cuivre a pour support une colonne en pierre, du haut de laquelle montent deux branches offrant les images sculptées de saint Jean-Baptiste et de saint Firmin et formant cadre autour de la partie centrale. En haut un écusson, qui a été martelé. La plaque est un curieux spécimen de l'habileté avec laquelle les orfèvres gravaient sur cuivre au XVᵉ siècle ; elle nous a rappelé

un petit reliquaire gravé, en argent doré, portant la date de 1414, qui se trouve au Musée de Lille. et les lames en cuivre de plusieurs églises des Pays-Bas.

La première partie du XVIᵉ siècle est représentée, dans la cathédrale, par plusieurs œuvres très intéressantes. Sur l'un des piliers du grand portail, à droite en entrant, se voit encore aujourd'hui le monument en haut-relief élevé à la mémoire du chanoine Pierre de Burry, décédé en 1504. Il montre le Christ, couronné d'épines et les mains liées de grosses cordes, statue aux formes trapues et trop courtes, à l'expression vulgaire, mais animée d'un profond sentiment de douleur et laissant voir les veines et les muscles des membres, avec une vérité qui va presque jusqu'au réalisme; vis-à-vis est agenouillé le chanoine, figure élégante et caractérisée. avec son patron saint Pierre qui le présente au Rédempteur. Les statues sont presque de grandeur nature ; autrefois, le groupe en entier était peint, comme le prouvent les nombreux vestiges de couleur qui s'y remarquent encore. Ce groupe est porté par deux colonnes octogonales, sur lesquelles repose un soubassement où se voient des ossements de mort et deux inscriptions sur des banderoles que soutiennent des anges. Sur la première de ces banderoles, on lit en caractères gothiques : « Cy gist le corps de vénérable et discrète personne monseigneur Pierre Burry, chanonne de céens, qui trespassa le XXVᵉ jour d'apvril l'an mil cinq cens et quatre. Priés Dieu pour s'ame ». L'autre inscription offre trois distiques latins, dans lesquels le défunt, qui était un poète assez renommé, demande des prières. Ici encore, on remarque que, si la statue du chanoine et celle de saint Pierre peuvent indiquer jusqu'à un certain point l'influence de Paris et de l'École française, l'*Ecce homo*

---

1. A. Dehaisnes, *Histoire de l'art dans l'Artois, la Flandre et le Hainaut avant le XVᵉ siècle ;* Lille, Quarré, 1886, p. 382, Id., *Documents*, p. 331.

révèle certainement l'influence du style de l'École flamande. D'après les *manuscrits* de Pagès, Pierre de Burry était de Bergues-Saint-Winoc, ville de la Flandre-Maritime[1].

Dans le transept, sur les murs qui ferment les dernières chapelles des nefs latérales, en des encadrements ornés avec l'exubérante richesse de la dernière période du style ogival, sont encastrés, de chaque côté, quatre groupes en haut-relief, peints et dorés ; les personnages ont environ quatre pieds de haut. Ces groupes que le visiteur trouve à sa droite ont été exécutés par ordre du chanoine Guillaume Aux Couteaux, mort en 1514, dont les armes sont de *gueules à 3 couteaux d'argent emmanchés d'or mis en pal*. Ils représentent divers épisodes de la légende de saint Jacques : dans le premier, le saint prêche aux Juifs, parmi lesquels se trouvent le magicien Hermogène et Philète, disciple de ce dernier ; il délivre, dans le second, Philète qui s'était converti et que le magicien avait privé du mouvement ; dans le troisième on le voit défiant les démons évoqués par Hermogène, et le quatrième montre le magicien lui-même converti par un miracle du saint. Chacune de ces scènes présente un nombre très considérable de personnages ; elles sont pleines d'action et de vie, mais avec la tendance à la recherche et à l'exagération qui caractérisent les œuvres de ce genre au commencement du XVIe siècle. Nous y trouvons des rapports avec les scènes en ronde-bosse provenant de l'abbaye de Liessies, conservées au Musée de la porte de Hal à Bruxelles, dans l'église de Ramousies (Nord) et dans celle de la Flamangrie (Aisne) ; mais il y a plus de finesse et de mouvement dans les sculptures d'Amiens.

La partie du transept, qui correspond à celle où se remarquent les groupes que nous

venons de décrire, a été décorée, aux frais de Jean de Witz, chanoine, qui mourut en novembre 1523 et dont l'épitaphe se lit sur le mur : les quatre groupes en ronde-bosse, qui y sont encastrés avec une ornementation analogue à celle des épisodes de la vie de saint Jacques, représentent l'un, avec le mot *Atrium*, le Christ chassant les vendeurs du Temple, l'autre, avec le mot *Tabernaculum*, le prêtre sacrificateur égorgeant un bélier, le troisième, désigné par l'inscription *Sancta*, l'autel des oblations et le quatrième, au-dessus duquel on lit *Sancta Sanctorum*, l'arche d'alliance, les tables de la loi et le grand-prêtre. Dans ces groupes nous trouvons les mêmes qualités et les mêmes défauts que dans ceux consacrés à la vie de saint Jacques : toutefois les scènes ont moins de vie.

Sans parler du magnifique jubé construit en 1490 et détruit en 1755, nous décrirons les monuments antérieurs à 1550, qui se voient encore sur les clôtures du chœur [1]. En entrant à droite dans le déambulatoire, du côté méridional, on trouve sur cette clôture les groupes de la vie de saint Firmin et la niche funéraire de l'évêque Ferry de Beauvais, exécutés par ordre du doyen du chapitre, Adrien de Hénencourt. L'image sculptée et peinte de ce généreux donateur s'offre d'abord aux yeux du visiteur : portant la soutane rouge écarlate et l'aumusse grise des chanoines d'Amiens, le doyen est agenouillé sur le sommet d'une colonnette et tourne les regards vers les scènes de la vie de saint Firmin. Sur cette colonnette et sur une autre qui lui correspond est inscrite la devise de la famille de Hénencourt : *Tolle moras (sæpe) nocuit differre paratis.* Un peu au delà dans le soubassement,

---

1. Pagès, *Manuscrits*, t. V, p. 171.

1. Nous avons largement mis à profit pour les clôtures et les stalles du chœur de la cathédrale d'Amiens l'ouvrage publié en 1867, par MM. les chanoines Jourdain et Duval.

le monument funéraire qu'Adrien de Hénencourt fit élever, en 1489, à son oncle Ferry de Beauvoir ([1]).

Dans une niche profonde gît la statue en pierre de l'évêque, qui est représenté grandeur nature, les yeux tournés vers le ciel et les mains jointes, portant la mitre, la crosse et une chape à orfrois très riches ; la tête repose sur un coussin et les pieds sur un lion. Sur la paroi du fond de la niche, sont peints les douze apôtres, la tête entourée d'un large nimbe d'or et tenant chacun, outre son emblème, un phylactère sur lequel est écrit en caractères gothiques le verset du symbole qui lui est attribué. Sur les deux autres parois de la niche sont figurés en peinture deux religieux qui pleurent le défunt. A droite et à gauche de la niche, une remarquable peinture murale représente deux chanoines d'Amiens en soutane rouge, surplis et chape, qui tiennent les bouts d'un voile vert, sur lequel sont les armes du défunt et une étoffe de brocart, coupée par une longue croix blanche, offrant au milieu l'Agneau mystique et aux quatre coins les symboles des évangélistes ; aux deux extrémités, sont peints deux anges, vêtus de blanc, qui soulèvent et retiennent une large tenture rouge. Au-dessus de la même niche, un magnifique écu des armes de Ferry de Beauvoir, qui sont *écartelées au 1 et 4 d'argent à deux bandes de gueules et au 2 et 3 d'or à trois maillets de gueules.*

Les peintures de l'intérieur de cette niche funéraire et de celle du monument d'Adrien de Hénencourt rappellent à l'esprit l'ornementation des caveaux polychromés de la Flandre ([2]) : et les apôtres peints au-dessus de la statue de Ferry de Beauvoir offrent une frappante analogie avec la prédelle du retable de l'église Saint-Georges de Wismar dans le Mecklembourg ([1]).

Dans les quatre arcades qui occupent, au-dessus du tombeau que nous venons de décrire, la première travée du mur de clôture, sont sculptés en demi-relief, sous une bordure style ogival flamboyant surchargée d'ornements, quatre grands sujets polychromés, représentant l'apostolat et le martyre de saint Firmin, et expliqués par des vers français d'une grande naïveté écrits en beaux caractères gothiques. La seconde travée montre aussi des sujets du même genre disposés dans quatre arcades et consacrés à l'invention du corps de saint Firmin. Et au-delà, dans treize cartouches quadrilobés très élégants, se voient treize bas-reliefs, aussi en pierre peinte et dorée, rappelant la vie du même saint antérieurement à son arrivée à Amiens.

Ces cartouches décorent le soubassement au milieu duquel s'ouvre la niche consacrée au monument funéraire d'Adrien de Hénencourt. Le défunt est représenté gisant sur une natte de jonc enroulée à l'une de ses extrémités, pour servir d'appui à la tête, comme on le voit sur un tombeau du Musée de Douai ; il porte l'aube et la chasuble avec l'amict rabattu sur le cou ; les traits sont vigoureusement accentués, les mains et les pieds modelés avec soin. C'est une œuvre d'un grand caractère. Le compte de l'exécution testamentaire d'Adrien de Hénencourt offre au sujet de ce monument d'intéressants détails. Le doyen du chapitre d'Amiens, décédé le 4 octobre 1530, avait demandé dans son testament « a estre inhumé au plus près de l'invention de monsieur saint Fremin » et que l'on fît « faire une treille de fer avec la représentacion

---

1. Pagès. *Ouv. cit.,* t. V, p. 420.

2. Les *Notes d'art et d'archéologie,* revue publiée à Paris, ont analysé en juin 1889 un intéressant travail de M. l'abbé Van den Ghein, sur *les Caveaux polychromés.*

---

1. *Gilde de Saint-Thomas et de Saint-Luc,* XXIIe réunion ; Lille, 1889, p. 194.

d'un homme mort selon le patron qui sera taillé et au fronteau un épitaphe en cuivre». Les exécuteurs testamentaires exécutèrent fidèlement les dernières volontés du défunt, comme l'atteste le compte qu'ils rendirent au chapitre. Le peintre Guillaume Larguier reçut la somme de soixante-sept sous six deniers « pour avoir tiré et fait le pourtrait dudit gisant d'homme mort », ce qui prouve que le défunt a dû être représenté d'après nature. Un habile sculpteur d'Amiens, dont nous avons rencontré le nom à diverses reprises dans les comptes de la ville, Antoine Aucquier, « entailla et composa le dit gisant ou représentation d'homme mort ». Il reçut vingt-quatre livres pour ce travail, ainsi que pour la représentation de quatre docteurs sur une tourelle située du côté de l'entrée du chœur. Ces dernières statues ont disparu ; mais la statue d'Adrien de Hénencourt permet d'affirmer qu'Antoine Aucquier était un sculpteur d'un remarquable talent, qui s'inspirait des traditions des meilleurs maîtres du XIVe siècle.

Un peintre, dont le nom n'est point mentionné dans le compte, décora d'or et de couleurs la statue d'Adrien de Hénencourt, ainsi que les quatre docteurs dont il vient d'être parlé et sans doute les figures peintes dans l'intérieur de la niche : il reçut, pour ce travail, la somme de vingt-quatre livres([1]). Une somme s'élevant à cinquante livres, fut payée à Jean Parent d'Amiens, serrurier, qui fit la grille en fer placée en avant des sculptures représentant la vie de saint Firmin. Une grande lame ou table de cuivre, qui recouvrait les restes du doyen du chapitre, coûta la somme de quinze cent trente-deux

livres payée à Pierre De la Cauchie ; François Boddet, tailleur de marbre de Tournai, fournit pour XVIII livres la bordure de marbre qui entoura cette lame ; et un prêtre, Jean Des Béguines, écrivit l'épitaphe gravée sur cette même lame ([1]).

La grande tombe en cuivre dont il vient d'être question était placée vis-à-vis la niche où était sa statue ; elle offrait des images et des inscriptions ciselées. Elle a disparu, ainsi qu'une autre tombe presque semblable consacrée à la mémoire d'Adrien de Lameth, petit-neveu d'Adrien de Hénencourt ([2]).

L'ensemble des sculptures et des peintures, représentées sur les clôtures de droite du chœur de la cathédrale d'Amiens, peut donner une idée des tendances de l'art à Amiens à la fin du XVe et au commencement du XVIe siècle. Les statues des deux tombeaux offrent, comme nous l'avons déjà indiqué, un caractère de grandeur et de vérité, qui place Antoine Aucquier parmi nos grands sculpteurs. Toutes les scènes représentant la vie de saint Firmin, dont on ne connaît pas l'auteur, sont pleines de vie et de vérité ; expression, geste, attitude, tout est pris sur le fait, parfois cependant avec trop de recherche ; offrent beaucoup d'intérêt pour l'histoire du costume et aussi pour la topographie de la ville d'Amiens, dont elles font connaître le profil avec l'aspect de ses monuments. Quant à l'ornementation en style flamboyant qui forme cadre tout autour, elle est de mauvais goût et en complet désaccord avec l'ensemble de l'édifice. Les mutilations dont ces sculptures avaient été l'objet à l'époque de la Révolution ont forcé de les restaurer et de les repeindre. Ce qui reste de l'ancienne polychromie et surtout les peintures murales qui décorent

---

1. Une note marginale du compte fait remarquer que ce peintre n'avait pas encore achevé son travail et qu'il fallait le contraindre à le mener à bonne fin. — D'après M. Dusevel (ouv. cit., p. 17), c'est le peintre Pierre Palette qui aurait décoré la statue, ainsi que les sculptures de l'invention du corps de saint Firmin.

1. Archives départementales de la Somme, G. 420. — Arm. 1, liasse 44, n° 17 à 37.
2. Pagès, t. V, p. 418 et suiv.

l'intérieur et les bords des niches funéraires présentent aussi un caractère remarquable, qui prouve qu'à Amiens les tendances de l'École flamande primitive du milieu du XVᵉ siècle n'étaient point perdues au commencement du XVIᵉ. Nous en pouvons dire autant des sibylles, peintures murales découvertes près de la porte de la sacristie, qui rappellent les douze apôtres de la niche où se trouve la statue de l'évêque Ferry de Beauvoir.

Sur la partie de la clôture qui ferme le côté septentrional et que le visiteur rencontre à sa gauche en entrant dans le déambulatoire, se voient plusieurs groupes, les plus grands en ronde-bosse et les autres en demi-relief, consacrés à la vie de saint Jean-Baptiste, dont la cathédrale d'Amiens possède le chef. Ces groupes sont au nombre de 23, huit de grande dimension, dans la partie supérieure de la clôture, et quinze de proportions plus restreintes dans le soubassement. La partie inférieure de la première travée renferme, en dix médaillons quadrilobés, la vie de saint Jean-Baptiste depuis la vision de Zacharie jusqu'à la retraite du saint dans le désert; sous les huit arcades qui partagent la partie supérieure des deux travées, en de grandes niches style ogival flamboyant, d'une ornementation beaucoup trop riche, est représentée l'histoire du saint, depuis sa retraite dans le désert jusqu'à sa décollation avec des vers en français du commencement du XVIᵉ siècle, qui expliquent les sujets; le soubassement de la seconde travée offre, en cinq médaillons quadrilobés, l'histoire des reliques du saint. Toutes ces sculptures sont peintes et dorées. La date de 1531, inscrite au-dessous de la première travée, révèle l'époque à laquelle a été exécuté le travail; des documents indiquent que la première travée est due à la générosité de la

famille de Louvencourt et la seconde aux libéralités de la famille Coquerel. Ces œuvres dénotent un ciseau habile. Le caractère chrétien a complètement disparu dans l'ordonnance du sujet et l'expression des têtes; l'influence de la Renaissance se fait remarquer dans les costumes des personnages et surtout dans leurs mouvements trop souvent contournés et empreints d'exagération.

Au sujet de l'autel et de son retable en argent doré ciselé de 1485 à 1493 par deux habiles orfèvres d'Amiens, Pierre Fauvel et Pierre de Dury, des volets couverts de peintures qui couvraient ce retable et de la suspension servant pour la réserve eucharistique, nous rappellerons plus loin qu'ils offraient les mêmes motifs de décoration que plusieurs églises de la Flandre et de l'Artois.

Ce qui fait surtout, au point de vue de l'ornementation, la gloire toute spéciale du chœur de la cathédrale d'Amiens, ce sont ses stalles : deux chanoines d'Amiens, dont nous avons parlé à l'occasion des clôtures, MM. Jourdain et Duval, leur ont consacré un long travail que nous résumerons en quelques pages (¹). Chargées d'une quantité prodigieuse de détails, dit M. Viollet-le-Duc, ces stalles présentent néanmoins « une structure très bien combinée et très simple (²) ». Chacun de leurs soixante compartiments est formé d'une charpente disposée en deux étages dont le premier, élevé de 16 centimètres au-dessus du pavé, reçoit la stalle basse et dont le second, au delà d'un passage large de 90 centimètres, reçoit à une élévation de 56 centimètres la stalle haute : en retraite de cette dernière stalle et faisant corps avec elle, s'élève un lambris ou haut dossier, orné d'une riche arcature et

---

1. *Les stalles et les clôtures du chœur de la cathédrale d'Amiens*, par MM. les chanoines Jourdain et Duval; Amiens, Caron, 1867, in-4° de 112 pages avec planches.

2. Viollet-le-Duc, *Dictionnaire d'archéologie*, t. III, p. 465.

au-dessus d'un dais en saillie qui protège la stalle haute. Deux passages sont ouverts de chaque côté dans les rangées des stalles basses ; et les lignes si riches formées par les dais, sont surmontées de quatre pinacles pyramidaux qui montent à 10 m. 70 aux entrées latérales et à 13 mètres de chaque côté de la porte principale. Les différentes pièces dont est composée cette admirable charpente sont assemblées sans clous ni chevilles au moyen de tenons et de mortaises, et avec tant d'art et de soin que leurs jointures sont presque imperceptibles et sont encore aujourd'hui aussi exactement « appliquées les unes aux autres qu'au jour même où elles ont été posées ».

A l'exception des sièges et de la partie des accoudoirs où doivent toucher les membres de ceux qui occupent les stalles, tout a été l'objet d'un travail de sculpture ou d'ornementation. Plus de 400 sujets ou scènes y sont représentés : sur les miséricordes, les rampes des escaliers et les parois des quatre grandes pyramides, se voient 214 épisodes, tirés de l'Ancien Testament et de la vie de la Vierge ; sur les montants et supports des accoudoirs, 122 scènes satiriques ou prises dans la vie privée, le renard prêchant aux poules, une femme qui donne le fouet à son mari, un meunier, un banquier, un sculpteur, des hommes ivres; sur les pendentifs, 62 représentations allégoriques des vertus et des vices ; au sommet des quatre pinacles formant pyramide, l'Église et la Synagogue, saint Michel et saint Paul. Malgré la suppression de huit stalles au XVIII⁰ siècle, malgré le vol de 80 statuettes perpétré en 1839, on porte encore aujourd'hui à 3650 le nombre des hommes, figurines, animaux et monstres que présentent les stalles. Et tout cela tient sa place ou s'agite, au milieu de la riche ornementation et des lignes verticales, concaves, convexes,

de forme prismatique, à arêtes saillantes, d'une construction en bois qui est un véritable édifice conçu dans le style ogival flamboyant du commencement du XVI⁰ siècle avec une magnificence toujours élégante.

On trouve dans le manuscrit n° 517 de la bibliothèque d'Amiens qui a pour titre *Chapitres généraux de la cathédrale*, quelques renseignements précis sur la date et les auteurs de ce remarquable travail de sculpture en bois. Dans les premiers mois de l'année 1508, le chapitre de la cathédrale fit dresser un devis pour l'œuvre des stalles et conclut un marché à ce sujet avec Arnould Boulin, maître-menuisier à Amiens ; le 10 septembre 1509, un autre maître-menuisier de la même ville, Alexandre Huet, fut associé à Boulin. Quant aux sculptures proprement dites et aux sujets et scènes, une convention fut passée avec Antoine Avernier « tailleur d'imaiges », demeurant à Amiens, moyennant 32 sous la pièce (¹). Quatre chanoines reçurent mission de surveiller et de diriger l'ouvrage ; et l'on peut croire, d'après un certain nombre des sujets représentés, qu'ils ont souvent inspiré les artistes. Le chapitre, voulant que la boiserie du chœur fût une œuvre tout à fait remarquable, fit étudier, par les entrepreneurs de l'œuvre, les plus beaux modèles existant dans la région et en Normandie ; le 5 novembre 1510 Arnould Boulin fut envoyé à Beauvais et à Saint-Riquier pour y voir les stalles, et en juillet 1511 il se rendit dans le même but à Rouen avec son associé Alexandre Huet. Il est à remarquer, que, dans cette dernière ville, les quatre-vingt-dix stalles de la cathédrale, qui forment, comme l'a dit M. de Laborde, un musée de sculpture en bois fort curieux, avaient eu pour auteurs trois habiles entailleurs d'images dont deux étaient flamands, Laurent

---

1. Cet Antoine *Avernier* ne serait-il point le même personnage que Antoine *Aucquier* ou *Aucenie?*

d'Ypres en Flandre et Paul Mosselman, et qu'en 1465 pour achever l'ouvrage un sculpteur avait été envoyé non seulement à l'abbaye de Fécamp, à Abbeville et à Amiens, mais aussi à Montreuil, Hesdin, Arras, Lille, Tournai, Nivelles et Bruxelles (¹). En octobre 1510 avaient été mandés à Amiens deux cordeliers d'Abbeville, très habiles dans l'art de travailler le bois. Au mois de décembre 1516, on voit paraître dans les comptes, aux gages de 3 sous par jour, l'entailleur d'images Jean Trupin, dont le nom est gravé sous une tête formant l'accoudoir de la stalle 85 et sous l'appui de la stalle 92 avec l'inscription : *Jan Trupin, Dieu te pourvoie.* D'après certains écrivains, l'œuvre aurait été achevée en 1519 ; mais la date du 2 mai 1521 est inscrite sur la balustrade qui termine les stalles à gauche, du côté du sanctuaire. Il est plus probable que l'inauguration de ces stalles n'a eu lieu qu'à la Saint-Jean-Baptiste 1522, comme l'affirme un autre écrivain. La dépense totale fut de 9,488 livres 10 sous ; dans les *Chapitres généraux*, manuscrit de la bibliothèque d'Amiens, elle est portée à 11,230 livres 5 sous, mais en y comprenant le prix de la clôture qui sépare le chœur du sanctuaire et celui du lutrin des chantres (²). Cette somme représentait alors ce qui vaudrait aujourd'hui une somme d'au moins 110,000 francs. M. Viollet le Duc, dont la compétence ne peut être niée, déclare, dans son *Dictionnaire d'architecture*, que, de nos jours, les stalles d'Amiens coûteraient plus de 500,000 francs (³).

La structure, l'heureuse disposition et les belles lignes de l'œuvre sont admirées par les hommes spéciaux ; l'artiste et l'amateur étudient avec le plus vif intérêt les scènes multiples qui y sont représentées. Piété et esprit satirique, finesse et naïveté, élévation et vérité, les sentiments les plus divers et les qualités les plus différentes se rencontrent dans la conception et l'exécution de ces stalles. Certains sujets sont traités avec un caractère magistral, la Vierge environnée de symboles prophétiques, l'Église et la Synagogue, le Massacre des Innocents et la Descente du Saint-Esprit ; beaucoup d'autres scènes, comme celles que nous avons signalées plus haut, sont satiriques et presque réalistes. C'est l'un des derniers efforts de l'esprit de foi et de la causticité du moyen âge, se produisant dans une grande œuvre de sculpture ; le naturalisme de l'art du Nord y est imprégné de l'esprit français. Cette dernière influence y domine ; et il est à remarquer que la plupart des hugiers et des sculpteurs, à qui le travail fut confié, étaient établis à Amiens et qu'ils étudièrent sur place des modèles qui se trouvent dans la Picardie même ou en des villes françaises situées dans les provinces voisines, mais que toutefois à Rouen ils se trouvèrent en présence de l'œuvre de sculpteurs flamands.

A la fin de notre travail, nous parlerons des rapports que peuvent présenter les ouvrages exécutés dans la cathédrale d'Amiens avec ceux des églises du Nord de la France et des Pays-Bas. Le coup d'œil d'ensemble que nous venons de jeter sur cet édifice suffit pour établir qu'il a été l'occasion d'un grand mouvement artistique et qu'il a fallu un nombre considérable de maîtres habiles pour l'achever et le décorer des sépultures, des sculptures en bois et en pierre, des peintures et des objets d'orfèvrerie que nous venons de mentionner. La cathédrale était un centre qui attirait des artistes, un foyer d'où l'art devait rayonner dans la ville et la région.

---

1. De Laborde, *Les ducs de Bourgogne*, t. I, p. CXIX.
2. *Les chapitres généraux de la cathédrale d'Amiens*, manuscrit n 517 de la bibliothèque d'Amiens, p. 39 et 40.
3. Viollet-le-Duc, *ouv. cit.*, t. VIII, p. 465.

II.
Travaux d'art exécutés pour la ville d'Amiens.

DES monuments et des travaux artistiques dont nous allons parler, il ne reste rien, pas même des dessins assez anciens. Les auteurs qui ont eu la bonne inspiration de faire paraître en 1874 le *Vieil Amiens dessiné d'après nature* n'ont pu reproduire que les soubassements et les murs presque informes de quelques édifices tombant en ruine ou des croquis levés dans la première partie du XIXe siècle avec quelques profils de la cité d'après de vieux tableaux (¹).

Mais, comme nous l'avons dit plus haut, les comptes de la ville sont complets pour la fin du XIVe, le XVe et le XVIe siècle: ils présentent, pour cette période de temps, un grand nombre de mentions intéressantes et les noms de beaucoup d'architectes, de sculpteurs, de peintres, d'orfèvres et de brodeurs. Les pages dans lesquelles nous allons rappeler, d'après ces comptes, les travaux d'art exécutés par ordre de l'échevinage, nous permettront de faire connaître le caractère tout à la fois artistique et religieux de l'ensemble des édifices civils d'Amiens vers la fin du moyen âge : elles nous permettront de déterminer jusqu'à un certain point, dans la dernière partie de notre travail, si cette ville présentait, sous le rapport de ses édifices et de leur décoration, l'aspect des villes flamandes et si les artistes qui ont travaillé dans ses murs étaient originaires des Pays-Bas ou s'y étaient formés.

L'ancien hôtel-de-ville d'Amiens, détruit en 1595, était un monument désigné, à cause des tourelles et des pinacles dont il était orné, sous le nom de « hostel des clocquiers». A l'une de ses extrémités s'élevait le beffroi, antique construction du XIIe siècle, réédifiée en 1408, dont il ne reste aujourd'hui que la base, masse quadrangulaire en pierre, servant de support à une tour ronde; la partie supérieure a été refaite en 1562 et en 1742. Ce double édifice fut, vers la fin du moyen âge, l'objet de divers travaux.

Le pan de mur qui s'élevait au-dessus de la porte d'entrée de l'hôtel-de-ville, était décoré d'un écu en pierre aux armes d'Amiens, qu'un ange tenait par une courroie et aux quatre coins duquel étaient sculptés les symboles des quatre évangélistes. En 1389, le peintre Adam de France revêtit cet écu d'une peinture à plat : les fleurs de lis du chef des armoiries furent dorées d'or fin ainsi que l'ange et l'on y peignit aussi « un tortin d'oignon de lis sur un vermeil camp a le lite (bordure en orle) estincelé d'or ». Dès cette même année, le magistrat était désireux de maintenir le bas de l'édifice en état de propreté : un peintre, nommé Pierre Desquesnes, y traça des croix blanches sur fond rouge, mesure qui fut dans la suite renouvelée à plusieurs reprises (¹).

Outre l'entrée sur la place, l'hôtel-de-ville en présentait. sur rue, une autre qui reçut une ornementation analogue à celle que nous venons de décrire. En 1425-1426, un tailleur d'images, dont le nom se rencontre souvent dans les archives d'Amiens, Jean Luitefort, y sculpta en bois de chêne un ange qui tenait un écu long d'environ deux pieds, et sur l'écu les armes de la ville ; maître André d'Ypres peignit le travail de l'entailleur, ainsi qu'une bannière d'airain qui surmontait le tout. Ce motif ainsi sculpté et peint, fut placé au

---

1. *Le Vieil Amiens, dessiné d'après nature*, par Aimé et Louis Duthoit, autographié par Louis Duthoit, 1 vol. in-folio avec planches; Amiens, 1874.

1. Archives communales de la ville d'Amiens. Comptes de l'année 1389.

pignon d'un « cappitel et hurelas » établi au-dessus de la seconde porte d'entrée (¹).

La construction du nouveau beffroi commença en février 1406 ; les ouvriers travaillaient à la journée pour que l'ouvrage fût meilleur; en 1409, la ville contracta, au sujet de cet édifice, un emprunt auquel prirent part les habitants. Le maçon, c'est-à-dire l'architecte ou l'entrepreneur, qui se nommait Jean Leprévost, recevait en 1410 quatre sous par jour pour son salaire, tandis que ses ouvriers n'en avaient que deux. La maçonnerie du beffroi coûta 283 fr. 13 s. 6 d., ce qui équivaudrait à environ 10,000 francs en monnaie d'aujourd'hui.

Dès 1416, des travaux artistiques furent exécutés à l'extérieur du beffroi. Une statue en pierre, au moins grandeur nature, représentant la Vierge tenant l'enfant Jésus, fut placée en une niche taillée dans l'arête d'un des angles de la base quadrangulaire de l'édifice. L'entailleur Jean Lejour sculpta pour une somme de 6 livres 6 sous, la niche ainsi que le support et le dais de la statue, travail qu'il exécuta en temps d'hiver et en partie « a le candeille ». Son œuvre existe encore aujourd'hui. Il fit en outre, la même année, les feuillages qui décoraient l'escalier tournant *(voie à vis)* par lequel on montait à la chambre où se donnait la question, les corbeaux formant entablement au haut du beffroi et les gargouilles et « bestes servans pour getter les eaues dudit beffroy » (²).

Divers comptes ainsi que les profils tracés dans les peintures du pourtour de la cathédrale et les tableaux de la confrérie de Notre-Dame du Puy (³) montrent que la partie supérieure de l'hôtel-de-ville et du beffroi offrait, de même qu'à Douai, Bergues

et Tournai, des pignons et des tourelles décorés de statues, des fenêtres ogivales et des faîtières couronnées de bannières, d'épis, de fleurs, de pommeaux et de girouettes en fer et en plomb, brillant aux rayons du soleil et tournant au souffle du vent. Toute cette gracieuse ornementation était peinte et dorée : en 1494-1495, la somme considérable de 110 livres fut payée à Ricquier Hauroye, « pour avoir paint les pignons, heuses, pommeaus, espis et fleurs de lis des pignons des tours des clocquiers avec toutes les pourtraictures desdis pignons » (¹). En 1496-1497, le même peintre reçut 110 sous, pour « avoir paint et doré trois fronteaux, trois heuses et une banière a l'ostel des clocquiers ». En 1516-1517, André de Moncheaux peignit le « heuses du beffroi » (²).

C'est surtout l'intérieur de l'hôtel-de-ville qui fut l'objet des soins et des dépenses de l'échevinage d'Amiens.

En 1409-1410, Daniel le verrier décora une salle du beffroi de vitraux offrant les armes du roi et de la ville et bordés de verres de couleur. Nicolas Bachelet refit ces verrières en 1516-1517 (³).

La salle du conseil offrait un mobilier artistique dans lequel le caractère chrétien n'était point négligé. Un banc à dossier et une table en chêne de la haute salle pavée de cet édifice furent décorés en 1425-1426 des armes de la ville par le huguier d'Amiens, Guillaume Martin; et la même année, Anne de Flers, veuve du brodeur Nicaise Sauwalle, fournit des coussins avec écussons brodés pour ces bancs et pour les « bancquiers » du plaidoir, avec d'autres écus brodés, en 1428, pour le *burel*, ou étoffe

---

1. Archives communales de la ville d'Amiens. Comptes de l'année 1389.

2. Pagès. *Manuscrits*, t. II, p. 64. — Archives communales d'Amiens. Compte de l'année 1409-1410.

3. *Le Vieil Amiens*, 5ᵉ série, pl. 2.

---

1. Archives communales d'Amiens. — Compte de la ville pour l'année 1494-1495.

2. *Id.* 1516-1517.

3. *Id.* 1409-1410 et 1516-1517.

couvrant la table servant à écrire (¹). En 1461, un sculpteur en bois, nommé Georges Corne, reçut 72 sous « pour avoir fait, taillié et assemblé ung biau drechoir de bois, qui a esté mis et par lui atachié en la chambre du Conseil à l'ôstel des clocquiers, avecq ung angle (ange) et ung ymaige de Nostre Dame». On augmenta le prix convenu parce que « ou dit marchié le hughier maintenoit avoir beaucoup perdu ».

Ces travaux de sculpture et de menuiserie furent complétés en 1501 par un haut dossier et deux coffres à l'extrémité du grand banc, œuvre du hugier Pasquier Quentin. De nouveaux coussins aux armes de la ville, brodés par Guillaume Guérin, furent fournis pour ces bancs en 1519-1520 (²).

Dans la même salle furent placées, en 1478-1479, une tapisserie de hautelisse tendue devant la cheminée, qui coûta le prix élevé de 19 livres, et une autre pièce de hautelisse, payée 4 livres. Ces deux objets furent achetés à Jean Denis et à Nicolas Leclerc, tous deux d'Arras (³). Et à ce sujet, nous ferons remarquer que si Amiens semble avoir été, jusqu'alors, tributaire de la capitale de l'Artois, on voit en 1491 les hautelisseurs Pierre De le Tombe, Robert de Merques (?), Jean Dasin et Gilles Delebarre se faire recevoir bourgeois d'Amiens et en 1492 une somme de 20 sous payée à l'orfèvre Hugues de Bailli « pour avoir gravé a deus lez le marteau en fer servant a ferrer les pièces de hautelisses que les hautelisseurs font à Amiens » (⁴). Govain Loisel, haute-

lisseur, est reçu bourgeois en 1493-1494, et un autre hautelisseur Martin Boullon, en 1499, avec Léger Faverel, tapissier.

En 1525, la salle du conseil de l'échevinage d'Amiens fut ornée d'un vitrail offrant un écusson aux armes de France : c'était l'œuvre de Hugues de Caumont, habile verrier, auteur de travaux importants dans le chœur de l'église de Saint-Firmin-en-Castillon et de vitraux représentant l'apôtre d'Amiens dans l'église Saint-Leu (¹).

Dans le même hôtel-de-ville se trouvait la grande salle du plaidoir, où se rendait la justice échevinale, souvent désignée dans les comptes sous le nom « d'oeurieul des clocquiers (²) ». Cette salle était éclairée par une grande fenêtre, dans laquelle Simon Sauvage, connu pour avoir travaillé dans l'église Saint-Martin-au-Bourg, avait placé outre diverses verrières posées en août 1433, un panneau représentant l'exécution d'un criminel, aux fourches patibulaires d'Amiens (³). Le principal ornement de cette salle du plaidoir ou auditoire était un objet d'art religieux, un Christ, qui rappelait aux juges le jour où ils seraient eux-mêmes jugés, et aux accusés et aux témoins le Dieu devant lequel ils étaient tenus de prêter serment. En 1454, le tableau devant lequel se prêtait le serment avait tellement souffert, que, d'après les comptes, « on ne veoit plus quelque figure ou représentacion dont l'on

---

1. Archives communales d'Amiens. — Compte de la ville pour les années 1428.

2. *Id.* 1425-1426, 1461-1462, et 1519-1520.

3. *Id.* 1478-1479. — Pierre de Graincourt, brodeur, ajouta une largeur d'un pied à la première de ces deux tapisseries.

4. Archives d'Amiens. Compte de la ville pour les années 1491-1492 et 1492-1497. — Il y avait à Amiens plusieurs autres tapisseries renommées comme étant très belles.

Celles de Saint-Firmin-le-Confesseur, de Saint-Firmin-en-Castillon et de Saint-Germain étaient des œuvres d'art. La dernière de ces trois églises avait douze grandes tapisseries de hautelisse sur lesquelles étaient rappelées la vie et les actions principales de saint Germain, deux autres tapisseries représentant l'*Annonciation* avec la *Visitation* et les *Miracles de saint Nicolas*, et cinq autres tapisseries dont le sujet était l'*Histoire de Moïse*. — Dusevel, *Recherches historiques*, p. 33.

1. Dusevel, *Recherches historiques*, p. 33

2. On fait venir à Amiens le mot *oeurieul* du latin *auditorium*, cette salle est aussi appelée *auditoire*.

3. Archives communales d'Amiens. Compte de l'année 1432-1433. — Dusevel, *Recherches historiques*, p. 29.

peust faire faire serment sur icelluy tablet ». Les échevins chargèrent Simon Marmion, qui depuis 1449 était en quelque sorte le peintre en titre de la ville, de faire un nouveau tableau. Par mandement du 28 juin 1454, cet artiste reçut la somme de 19 livres et 4 sous, pour « avoir paint et ouvré ung tableau ou est figurée la représentacion de Nostre-Seigneur Jhesus, Nostre-Dame, saint Jehan et autres personnages, de ouvrage d'or, azur et aultres fines paintures bien riches, pour ledit tablet mettre et assir ou plaidoir des clocquiers d'icelle ville ou lieu du vielz qui y estoit (¹). » Les expressions *fines paintures et bien riches* indiquent un ouvrage d'une importance exceptionnelle : la même conséquence peut être tirée du prix, qui monte à 19 livres tandis que d'autres peintures faites dans le même but sont payées 32 ou 40 sous. Cette œuvre, le premier travail important que l'on connaisse de Simon Marmion, les autres travaux qu'il avait exécutés à Amiens depuis 1448 et ceux que son père Jean Marmion y avait faits lui-même de 1425 à 1444, rattachent à cette ville la formation artistique de ce peintre, l'un des maîtres les plus renommés de l'École flamande primitive.

C'est peut-être pour conserver le tableau de Simon Marmion, que deux ans plus tard, en 1456, les échevins achetèrent, pour la somme de 32 sous, à « ung marchant de ymages du pays d'Alemagne, Baudin Elles, un crucifix paint sur toile avec les ymages Nostre-Dame et saint Jehan l'Évangéliste qui fust mis a l'oeurieul des clocquiers », et sur lequel sans doute les accusés et les témoins avançaient la main pour prêter serment. Plus tard, vers 1483, un peintre d'Amiens dont le nom est souvent cité dans les comptes, Jean Bengier, peignit pour le même auditoire, un Christ, qui fut regardé comme remarquable ; et quelque temps après, on plaça dans la même salle un autre Christ peint par Jacques Platel, dont le regard, disait-on, inspirait le respect et la terreur et empêchait les plus audacieux de se parjurer en prêtant le serment (¹). En 1489-1490, le peintre Jean Bengier, dont nous venons de parler, reçut la somme de quarante sous pour avoir représenté, dans la même salle du plaidoir, « une ymage de Nostre-Dame et ung escu ou sont les armes de la ville (²) ».

En 1496 le même artiste refit « le tablet ou est le crucifiment notre Seigneur estant en l'oeurieul ».

L'habile peintre Jacques Platel nettoya encore ce tableau en 1516-1517. D'un autre travail « de nettoyage » exécuté la même année par le même peintre, nous apprenons qu'il y avait, dans la salle de l'auditoire « une istorre de la ville », c'est-à-dire sans doute des peintures murales concernant Amiens.

De cet ensemble de faits, nous pouvons conclure que des travaux, dont nous ne pouvons apprécier la valeur, mais qui offraient un caractère artistique et religieux, avaient été exécutés à l'hôtel-de-ville d'Amiens.

Les autres monuments publics étaient l'objet de décorations analogues. En 1500, Jean Ha sculpte un écusson pour l'ancienne halle de la ville (³). En 1471, le peintre Gilles Du Massis reçoit vingt sous pour avoir enluminé un écu, sur lequel étaient entaillées les armes de la ville, placé au-dessus de l'entrée de la halle au poids (⁴). La Malmaison, édifice appartenant à la ville où siégeait le bailliage, offrait un plaidoir

---

1. Archives communales d'Amiens. Compte de l'année 1453-1454.

1. Dusevel, *Recherches historiques*, p. 26.

2. Archives communales d'Amiens. Comptes de l'année 1489-1490.

3. Dusevel, *ouv. cit.*, p. 19.

4. Archives communales d'Amiens. Compte de l'année 1471-1472.

dont la décoration rappelait celle du plaidoir de l'hôtel-de-ville. En 1390-1391 Coppin (Jacques), le verrier, reçut quatre livres pour avoir posé deux panneaux de verre, avec les armes du roi, celles de la ville et d'autres ainsi que « plusieurs ymages en le cambre que on dist l'eschevinage de le Malemaison ». En la même année, Pierre de Gannes ou Desquennes repeignit, de carrés imitant la pierre, la grande salle du même édifice. Le peintre Adam de France exécuta des travaux dans la même salle en 1403-1404, et en 1409-1410 le verrier Daniël y plaça des vitraux aux armes du roi et de la ville ; en 1428, Anne de Flers, veuve du brodeur Nicaise Sauwalle, fournit des écussons brodés pour le bureau de l'auditoire, et en 1467 le verrier Jean Le Soyeur décora deux fenêtres de cette salle de douze écussons aux armes du roi, du duc de Berry, du duc de Bourgogne et de la ville d'Amiens (¹). A la muraille était attaché un tableau représentant le Crucifiement, au bas duquel on lisait : *durissimum judicium fiet de his qui præsunt, si non recte judicaverint ;* dans la chapelle attenante, où les juges entendaient la messe avant l'audience, les murs étaient garnis de tapisseries semées de fleurs de lis d'or sur fond d'azur (²).

Il y avait au milieu du grand marché de la ville, un édifice dont la destination semblait ne point demander une décoration ; c'était le pilori, sorte de tour, en bois d'abord, puis en pierre, sur la plate-forme de laquelle étaient exposés les criminels. Cette tour offrait six gargouilles aussi en pierre, dont l'une représentait un homme blessé à la gorge, rappelant la mort d'un bourreau tué pour avoir frappé trois fois avant de trancher la tête d'un condamné ; plusieurs élégants motifs d'ornementation, des cerfs

ailés et des salamandres indiquaient qu'on avait travaillé au pilori sous Charles VI et sous François I (¹). La partie supérieure de la construction était, comme le beffroi, une sorte de flèche garnie de clochetons, portant une couronne de bannières, d'épis, de fleurons, de faîtières et de girouettes, peints des couleurs les plus brillantes. En 1390-1391, Étienne de Saveuses refit l'épi du pilori et Matthieu Lhermite fut chargé de placer au-dessus de cet épi une bannière de laiton, qui fut peinte et dorée par Adam de France (²). Le 23 juin 1444, Jean Marmion peignit à l'huile sur les deux faces une bannière d'airain servant au pilori, travail qui lui fut payé quatre sous (³). Le 19 octobre 1450, une somme de 116 sous fut donnée à Simon Marmion, fils de Jean, l'artiste dont nous avons déjà cité le nom, pour « avoir paint a oeulle de fin azur et doré de fin or les armes du Roy nostre sire sur une banière d'arain quarrée à l'un des lez et à l'autre, et aussy paint à oeulle de gueules et d'azur et doré de fin or les armes de la ville d'Amiens a l'un costé et à l'autre sur IIII penonchias d'arain, laquelle baniere et penonchias on mist pour virewettes tournans aux vens a icelluy comble du marchié (le pilori) et aux pignacles d'icelluy, et avecq ce paint a oeulle de plusieurs ses coulleurs et doré de fin or les heuses, pommias, espis, foeullages et autres ouvrages de ploncq, qui sont autour des verges de fer portans lesdis penonchias et banieres, et pareillement paint les crettes et festissures de ploncq des pignacles des osteulx dessus dis (⁴) ». Le travail décoratif confié à Simon Marmion était, on le voit, impor-

---

1. Années 1390-1391, 1403-1404 ; 1409-1410 ; 1428 ; 1467.
2. Pagès. *Manuscrits*, t. II, p. 463 et 464.

1. Pagès. *Manuscrits*, t. II, p. 65.
2. Archives communales d'Amiens. Compte de l'année 1390-1391.
3. Archives communales d'Amiens. Compte de l'année 1443-1444.
4. *Id.* 1450-1451.

tant ; on remarquera l'élégance de ce couronnement d'un pilori.

Au nombre des bâtiments appartenant encore à la ville se trouvaient l'hôpital Saint-Ladre et la Maison des Filles repenties. Dans cette maison le peintre Jacques Platel fut chargé de peindre en 1490-1491 « ung crucifix eslevé, une ymage de saint Jehan et une de nostre Dame pour la chappelle (¹) » ; à l'hôpital, les échevins avaient fait représenter par un autre peintre d'Amiens, Pierre Bengier, des sujets propres à inspirer des pensées de piété et d'encouragement aux lépreux qui y étaient détenus, *Job sur le fumier*, *Tobie aveugle*, le *Christ expirant sur la Croix* (²). C'est aussi aux échevins que sont dus les vitraux de la chapelle des Augustins placés dans cette église par Mas de Bruyne, verrier qui demeurait à Abbeville en 1501 et à Amiens en 1502.

Çà et là, d'ailleurs, sur les places publiques et dans les rues de la ville, s'offraient aux regards d'autres témoignages non moins évidents du goût des membres de l'échevinage et des bourgeois pour l'embellissement de leur cité.

Il suffirait d'ouvrir au hasard le *Vieil Amiens* pour en trouver la preuve : ici, ce sont des maisons à croisillons en bois sculpté avec des étages surplombant portés par des têtes d'anges ailées et dans le pignon triangulaire desquels est inscrite une ogive bordée d'oiseaux sculptés ; là, c'est une habitation en pierre offrant au premier et au second étage des suites de fenêtres garnies de meneaux et entourées de colonnettes et de montants, des ancres en fer représentant une croix, un personnage, un chiffre ; ailleurs, c'est une porte, un escalier décoré avec l'exubérante

richesse du style ogival flamboyant au commencement du XVIe siècle (¹). Mais ce que nous voulons signaler, ce sont des objets et des édifices dont l'ornementation dépendait de l'échevinage, les puits, les croix, les ponts, les remparts et les portes.

Les montants en fer ouvragé d'un certain nombre de puits encore aujourd'hui conservés (²), rappellent que la capitale de la Picardie offrait, sous ce rapport, l'aspect de Bruges, d'Anvers et de Nuremberg. Les documents le prouvent pour les puits du Marché et de la Belle-Croix et pour le Beau-Puits. De ce dernier, auparavant désigné sous le nom de Puits-d'Amour, il reste la margelle aujourd'hui conservée à la Basse-Boulogne et datant de 1574 (³) ; il est possible de se représenter ce qu'était l'ancienne garniture en fer par un passage du compte de 1451-1452 où il est dit que Simon Marmion reçut la somme de 48 sous « pour son sallaire et paine d'avoir doré de fin or et paint a oeulle de diverses couleurs une grande heuse de ploncq faitte en VI pans avec son espy et plommiau, et chascune pieche ouvrée de foeules de plonc, tout assis et mis le XVIIe jour de novembre l'an mil IIIIᶜLI sur le comble du puits de le Haulte Rue. Et avec che, doré et paint a oeule et doré de son or et couleur les armes d'Amiens sur une banière d'arain atout son fer de lance, contenant la dicte banière XI paux desquarris (⁴). » Une mention du compte de 1506-1507, où nous voyons le peintre André de Moncheaux dorer de fin or « le comble du même puits », nous fait connaître qu'on y trouvait une licorne et un soleil. Le même peintre fit, à la même date,

---

1. Archives communales d'Amiens. Compte de l'année 1490-1491.

2. Dusevel, *ouv. cit.*, p. 26.

1. Duthoit, *Le vieil Amiens*, 2ᵉ série, nᵒˢ 36, 37, 47, 48, 54, 55.

2. Duthoit, *Le vieil Amiens*, 2ᵉ série, nᵒˢ 30, 31, 49, 50, 59, 60, 93, 94, 95.

3. Duthoit, *Le vieil Amiens*, 2ᵉ série, nᵒ 61.

4. Archives communales de la ville. Compte de 1451-1452.

un travail analogue au puits du Marché (¹). Déjà en 1463 Michel Luitefort, artiste qui semble avoir succédé à Simon Marmion comme peintre de la ville, avait décoré ce dernier puits: il avait reçu la somme considérable de 68 livres pour avoir doré et peint à l'huile le dais, les pinacles et la bannière en fer forgé, qui couronnaient le puits du Marché (²), et d'autres comptes nous apprennent qu'en 1483-1484 Simon Lheureux, sculpteur qui travaillait quelques années plus tard à Arras et Hénin-Liétard en Artois, fit le modèle en bois des fleurs de lis qu'on devait exécuter en plomb au-dessus des montants du puits de la Belle-Croix (³).

On ne s'étonnera point, après avoir lu ces détails, de l'importance qu'avait à Amiens la confrérie des serruriers et ouvriers en fer. Elle avait embelli son cierge d'ornements tout spéciaux: rien de curieux à voir, rapporte M. Dusevel, comme cette haute pyramide à jour, où se trouvaient attachés les emblèmes et chiffres de chaque métier de la bannière, et les modèles des ouvrages les plus difficiles à exécuter. Aussi cette pyramide attirait-elle les regards du peuple, quand on la portait aux processions du Saint-Sacrement et aux messes de saint Éloi (⁴).

Traversée comme Bruges par un grand nombre de canaux et de cours d'eau, la ville d'Amiens, de même que la cité flamande, offrait un grand nombre de ponts qui furent l'objet de la sollicitude du Magistrat. En 1425, deux habiles constructeurs avaient édifié le pont du Baraban (⁵); et en 1440, un architecte, dont nous aurons encore à citer le nom, Matthieu Regnault, construisit celui de sire Pierre Ducange dont on retrouve les trois arches et les deux tours dans le *Vieil Amiens* (¹). L'année même de sa construction, ce dernier pont fut décoré, par un tailleur d'images du nom de Matthieu de la Halle, *d'un Saint-Jean-Baptiste montrant du doigt l'agneau de Dieu*, statue que les siècles et les révolutions avaient respectée jusqu'à notre âge et que des vandales ont détruite à coups de pierre et jetée par morceaux dans le fleuve (²). En 1480, l'architecte de la ville, Pierre Tarissel, construisit le pont Saint-Michel, remarquable par ses arches : un sculpteur, dont le nom semble indiquer une origine flamande, Jacques Has ou Hac, y plaça la même année un groupe représentant saint Michel terrassant le démon (³).

Le caractère chrétien de l'ornementation des édifices civils dont nous trouvons partout des traces, était surtout révélé par plusieurs croix en pierre ou en fer ouvragé, qui s'élevaient au milieu des carrefours et sur les voies publiques. L'une des plus célèbres était celle de la rue des Jacobins ou Frères Prêcheurs ; la procession de la cathédrale s'y rendait chaque année le jour de Pâques fleuries. Les échevins l'avaient fait édifier en mars 1445 par l'architecte Matthieu Regnault, qui fit « une moult belle croix de pierre de Croissy et tailla soubs la dicte croix en quatre sens les armes du Roy nostre sire, les armes de Mgr le Dolphin de France et les armes de la ville d'Amiens ». Michel Luitefort, peintre et tailleur d'images dont nous avons déjà parlé, reçut, en date du 6 mars 1447, la somme de 24 sous « pour avoir taillié

---

1. Archives communales de la ville. Compte de 1506-1507.

2. Archives communales de la ville. Compte de 1463-1464. Luitefort est l'auteur d'un groupe en pierre, encore aujourd'hui conservé à Amiens dans la cave d'une maison de la place Saint-Firmin, qui est d'un très beau travail. Le compte de 1444-1445 nous en fournit la preuve : A Miquelet Luitefort...

3. *Id.* Compte de 1483-1484.

4. Dusevel, *Ouv. cit.*, p. 38.

5. Dusevel, *Recherches historiques*, p. 8.

1. Duthoit, *Le vieil Amiens*, 1ʳᵉ série, nᵒˢ 10 et 11.

2. Dusevel, *Ouv. cit.*, p. 18.

3. Archives communales d'Amiens. Compte de 1480-1481. — Dusevel, *Ouv. cit.*, p. 11 ; Pages, *ouv. cit.*, t. II, p. 421.

et fait, en et sur ung croisillon de pierre de Croissy, le pourtraicture et ramenbrance de ung crucifix eslevé à l'un des lez, et mis pourtraicture, ymage et ramenbrance de Nostre Dame a l'autre lez tenant un enfant, lequel croisillon on assey sur et au bout de le fleque ou colombe de piet droict, estans et posié sur le cauchie en terre, ou milieu de le rue qui maine des Frères Prescheurs Jacobins à Saint-Denis et a le porte de Paris ([1]) ». En 1482-1483, Jacques Has ou Ha reçoit 4 livres 4 sous pour avoir « fait ung nueuf croisillon de pierre pour le croix de Bray ([2]) » ; en 1506-1507, André de Moncheaux peignit et dora d'or fin et de fines couleurs la croix du Marché au blé « que on dist la Belle Croix» ; il reçut pour ce travail la somme de 25 livres.

Nous pourrions multiplier des citations analogues et prouver que l'on décorait les bornes de la ville de peintures et d'armoiries ([3]) et qu'il en était de même de la célèbre pierre de Saint-Firmin, que la ville faisait peindre à nouveau chaque année avant la fête de l'Ascension, jour où l'on y déposait, durant la procession, les reliques du saint ([4]). Nous devons faire connaître des travaux d'art plus importants, ceux qui furent exécutés aux tours et aux portes de l'enceinte fortifiée de la ville.

Les remparts d'Amiens étaient flanqués de distance en distance de tours, rondes pour la plupart, qui présentaient un beau caractère et qu'on ne négligeait point d'orner avec goût. On connaît les noms de plusieurs des architectes qui ont construit ces tours : Hugues Poulette, qui, vers la fin du XIVe siècle, a édifié cinq tours avec le maître des ouvrages de la ville, Pierre Darras ; Raoul Paisière, maître des œuvres d'Amiens, qui éleva à Hesdin vers le milieu du XVe siècle un clocher réputé pour être le plus bel ouvrage de toute la Picardie ; Jean Le Grand, maître maçon de la ville en 1464, auteur de plusieurs tours des fortifications, dont l'une était si élégante qu'on l'appelait *la tour orgueilleuse ;* Pierre Tarissel, que Louis XI employa et essaya d'attacher à son service, donna le plan de la grosse tour de la Haie et des tours de Guyencourt et du Quai ; Robert le Moutardier, constructeur de la tour de la Haie dont nous venons de parler, était un habile architecte qui travailla à l'église Saint-Germain d'Amiens, et construisit le clocher des Frères Prêcheurs et l'hôtel de Monceaux, dans la même ville : Jacques Bullant, à partir de 1525, introduisit les règles et le goût de la Renaissance ([1]).

Les travaux de ces architectes ont été décorés par les tailleurs d'images et les maîtres peintres qui florissaient alors à Amiens. En 1415-1416, le peintre Adam de France reçut la somme de XLVIII sous, pour « LX personnages de saints et de saintes ès tourelles du tour de le forteresse de le ville » ; l'archange saint Michel, vêtu d'une robe blanche recouverte d'un manteau écarlate et armé d'un glaive de feu pour percer Satan qu'il a saisi par sa chevelure, saint Pierre avec les clefs du paradis, saint Christophe portant l'Enfant divin sur son épaule, saint Sébastien, le patron des ar-

---

1. Archives de la ville d'Amiens. Compte de 1446-1447.
2. *Id.* 1482-1483.
3. *Id.* 1480-1481, 1489-1490.
4. A l'occasion de la peinture de la pierre de Saint-Firmin qui était renouvelée tous les ans, les comptes offrent les noms d'une partie des peintres qui ont travaillé à Amiens de la fin du XVe siècle au commencement du XVIe. Voici la liste que nous avons relevée : en 1389. Pierre Sifflet, en 1396, Pierre Desquesnes ou de Guannes, en 1401, Adam de France, en 1415, Matthieu Cornu, en 1418, Jean Sauwalle, en 1425. Jean Marmion, en 1430, Hector de Thony, en 1434, Jean Sauwalle, en 1449, Simon Marmion, en 1452 et 1455, Jean Leroy, de 1456 à 1459, Raymond Simonnart, de 1460 à 1475, Pierre Bengier dit Gendarme, en 1478 et 1480, Guillame Du Massis, de 1483 à 1514, Robert le Thieulier, en 1515, Jacques Chavins.

1. Dusevel, *ouv. cit.*, p. 7 et suiv.

chers, sainte Barbe avec sa tour à trois fenêtres, la patronne des arquebusiers, sainte Marguerite invoquée par les femmes enceintes et beaucoup d'autres [1]. Dès 1405, l'architecte Hugues Poulette avait prouvé qu'il était aussi tailleur d'images, en exécutant une statue de saint Nicolas, haute de trois pieds, qui fut placée à la fenêtre la plus élevée de la tour portant le nom du même saint, au quai ou port d'Amiens [2]. En ce même port s'élevait, au-dessus des eaux de la Somme, une tourelle dont la bannière fut décorée par Simon Marmion, comme l'atteste le passage suivant des comptes de 1448-1449. « A Simonnet Marmion, paintre demourant en la ville d'Amiens, en la sepmaine du XX⁰ jour d'octobre mil IIII⁰ XLIX, tant pour sa desserte comme pour couleur et or, avoir paint a oeulle les armes de la ville d'Amiens sur deux estandars d'arain, que on mist pour wirewittes au comble de nouvel fait et couvert d'aissaulx, sur le machonnerie d'une petite tour de nouvel faicte et machonnée sur la rivière de Somme en l'ostellerie ou fain, ou grant cay. Et pour aussy avoir paint a oeulle d'autres couleurs les deux heuses et espis de plonc, ouvrez et estannez de foeulles de ploncq, pour le tout, XIX sous [3] ».

Les bannières, les pinacles, les épis et les faîtières des diverses autres tours furent aussi peints et décorés. Adam de France représenta en 1405-1406 les armes de la ville sur une bannière servant de girouette à la porte de la Longuemaisière ; l'ornementation de la tour Saint-Nicolas dont nous venons de parler, fut peinte et dorée en 1457-1458 ; un autre peintre demeurant à Amiens, Toussaint De la Porte, reçut

pour cet ouvrage la somme de 52 sous [1]. Un travail analogue exécuté en 1478-1479 aux « deux bouts » de la tour, fut payé à Ricquier Hauroye 4 livres 16 sous et continué en 1479-1480; le peintre était en grand renom et l'ouvrage sans doute plus considérable [2]. Le même peintre reçut en 1487-1488 la somme de 13 livres pour un ouvrage de même nature qu'il fit à la tour du Vidame [3]. Sur le quai du port, dont nous avons déjà parlé, s'élevait une tourelle dédiée probablement à saint Michel : le sculpteur Jean Warin, dit Ha, y plaça en 1495-1496 la statue de ce saint, qu'il avait entaillée, ainsi qu'un écusson et un grand écu; ces sculptures furent peintes par Ricquier Hauroye, ainsi que la croix, les pinacles, les rayons de soleil et les flammes qui couronnaient la tourelle; le tailleur d'images reçut 21 livres 10 sous et le peintre 26 livres [4].

Les travaux de cette nature continuèrent au XVI⁰ siècle. En 1510-1511 le peintre André de Moncheaux dore une fleur de lis double, un gros pommeau et d'autres motifs de décoration sur les tours qui avoisinent le pont Barraban. Un sculpteur, connu par des travaux d'une grande importance artistique exécutés à la cathédrale, Antoine Aucquier, fournit en 1512-1513, trois écus aux armes du roi et de la ville « au guigrelot, sur la rivière, près le Vidame ». Durant les deux années suivantes, un autre habile entailleur d'images à qui l'on attribue les sculptures de la flèche de la cathédrale, Jean de Tombe, fit divers travaux pour l'échevinage, entre autres une licorne tenant les armes de la ville à la tour du pont Du Cange, travaux

---

1. Archives communales d'Amiens. Compte de l'année 1415-1416. Dusevel, *Ouv. cit.*, p. 24.
2. Dusevel, *Ouv. cit.*, p. 10.
3. Archives communales d'Amiens. Compte des années 1448-1449.

1. Archives communales d'Amiens. Compte des années 1457-1458.
2. *Id.* Compte des années 1478-1479.
3. *Id.* Compte des années 1487-1488.
4. *Id.* Compte des années 1495-1496. — Le même Ricquier Hauroye avait levé et peint en 1468, 1487 et 1494, le plan des fortifications d'Amiens et des cours d'eau voisins.

qui furent peints et dorés par André de Moncheaux, ainsi que les armes de la ville exécutées en 1516-1517 par le même Jean De Tombe, pour la tour du Pont-à-Cornailles (¹).

Les portes de la ville étaient décorées non seulement de l'ornementation qui surmontait les tours, mais de niches renfermant les statues des saints dont elles portaient le nom ou sous la protection desquels elles étaient placées. Celle dont il est le plus souvent question dans les comptes, est la porte Montrescu. L'architecte Hugues Poulette l'avait réédifiée en 1389 : on avait mandé, pour s'assurer de l'excellence de son travail, maître Pierre Largent, architecte de la cathédrale, et Jean Marchant, architecte du château de Boves, avec plusieurs autres habiles ouvriers (²). Elle était formée d'un ensemble de tourelles, dont les pignons triangulaires, où s'inscrivait une arcade trilobée, étaient garnis de rampants et surmontés de bannières, crêtes, girouettes et croix. Dès sa construction elle fut ornée de statues : en 1389, le sculpteur Jean De la Chapelle reçut 48 sous pour l'avoir décorée « de deux ymages avec II tabliaux de noir marbre pour les noms de ceux par qui ils avoient esté mis ». En 1390, Jean Grenée le jeune y tailla en pierre l'écu aux armes du Roi surmonté de la couronne, et en 1396-1397, Jean Colart, dit de Cologne, y sculpta une statue de Notre-Dame, qui fut peinte par *Coppin*, avec les autres images et écussons (³) ; en 1475 le sculpteur Bernard Marchant recevait 7 livres « pour ung grant ymaige de saint Loys » que l'on y plaça et Jean Bengier 2 livres pour avoir peint cette image. Une statue de Notre-Dame et son dais y

furent repeints en 1484-1485 par Ricquier Hauroye, qui en 1494-1495, restaura tout l'ensemble, images, bannières faitières et girouettes (¹). Malheureusement de 1525 à 1530, l'antique porte du XIVᶜ siècle fit place à une construction renaissance. Les autres portes furent l'objet de travaux analogues. En 1396, le sculpteur Jean de Cologne et le peintre Coppin furent chargés d'exécuter à la porte Gayant les travaux qu'ils avaient faits pour la porte Montrescu. Plus tard, en 1523-1524, André de Moncheaux peignit et dora toute l'ornementation de cette même porte Gayant.

A la porte Saint-Michel, Jacques Hac plaça en 1464 une statue de l'archange et en 1468 Ricquier Hauroye peignit un écusson armorié (²).

La porte Saint-Pierre était, comme les autres, décorée de statues, de clochetons, de bannières et de crêtages. En 1396-1397, Coppin y peignit d'or et d'azur le saint dont elle portait le nom : en 1418-1419, l'imagier Bauduin Laissegnoy refit à cette statue la tête, une main et un livre ; en 1472-1473, Jean Bengier peignit toute l'ornementation d'or et d'azur ; et en 1483-1484, Ricquier Hauroye enlumina richement le Saint-Pierre et deux anges qui portaient l'écusson du roi. Un travail important, payé 40 livres, fut exécuté en 1496 par Jean Warin, dit Ha, à la porte de Beauvais, où furent placés un écu timbré, deux anges et deux licornes, deux écussons aux armes de la ville et l'amortissement de la niche à dais où se trouvait une image. Une mention des comptes de 1498-1499 donne une idée de l'ensemble de la décoration de cette même porte de Beauvais ; une somme de 106 livres est payée à Ricquier Hauroye « pour avoir paint, doré

---

1. Archives communales d'Amiens. Compte des années 1510-1511, 1512-1513 et 1514 à 1517.
2. *Id.* Comptes de la ville pour 1389.
3. Archives. Années indiquées.

1. Archives. Années indiquées.
2. Archives communales d'Amiens. Compte des années, 1396-1397, 1523-1524, 1462-1469.

et estoffé les heues, cappes françoises, espis et foeullages des quatre grans oignons de lis de la porte de Beauvais en ce comprins les pingnons du costé du bolvert avec le pelliquan ; item les heues des deux grosses tours et les quatre fenestres par dedens le ville ». Le même peintre reçut en outre 42 livres pour avoir décoré de couleurs les armoiries et les licornes sculptées par Jean Warin dit Hac. Ce dernier fit, en 1508-1509, à la pointe du rempart voisin de la même porte, des anges, des écussons et d'autres ornements que peignit André de Moncheaux ([1]).

A la porte de la Longuemaisière, nous voyons, en 1425-1426, maître André d'Ypres peindre à l'huile les armes de la ville sur une bannière placée au-dessus de l'échauguette, et sur quatre panonceaux attachés à chacune des quatre tourelles de cette échauguette. A la porte de la Hotoie, les échevins font opérer des travaux en 1487-1488 ; Jean Warin, dit Ha y plaça dans une niche une statue de saint Jean-Baptiste, qui fut peinte, ainsi que la niche, par Ricquier Hauroye ; un autre peintre, Jean Barbet, fut chargé d'enluminer, à la même porte, un écu de France, deux anges et deux écussons aux armes de la ville. Et Jean Hac sculpta, encore à la même porte, en 1507-1508, quatre écussons qui furent, ainsi que les fleurs de lis, les faîtières, les pommeaux et les épis, peints d'or fin et d'azur par André de Moncheaux. En 1522-1523, c'est l'habile sculpteur Antoine Aucquier, qui taille une pierre pour la porte de Duriame ([2]). La mention suivante, empruntée au compte de 1488-1489, nous fait connaître des travaux de peinture exécutés à la porte de Noyon : « A Ricquier Hauroye, peintre, pour avoir paint, doré et estoffé la heuse du clocquier de l'eschauguette de le porte de Noion et fait un soleil d'or en le cappe du pignon, paint et doré ung escu des armes du Roy nostre sire et deux angelos tenants ledit escu, VIII l. ([1]). » Le compte de l'année suivante nous apprend que Jacques Hac sculpta, pour la même porte, une statue en pierre de saint Firmin, et que cette statue fut décorée par Ricquier Hauroye, qui peignit aussi les arcades trilobées et les bannières des pignons ([2]).

A l'ensemble que nous venons d'exposer à nos lecteurs en leur faisant jeter un coup d'œil sur les édifices publics d'Amiens, il y a lieu d'ajouter un certain nombre de détails qui ne sont point sans intérêt pour l'histoire de l'art.

Le mayeur, comme chef de l'échevinage, portait à sa ceinture le sceau de la ville dans une bourse en velours bleu sur laquelle étaient brodées les armes d'Amiens et des fleurs de lis d'or. Cette bourse étant renouvelée tous les ans : les comptes présentent, avec la dépense faite à ce sujet, toute une série de noms de brodeurs, dont plusieurs, d'après leur nom, ont une origine flamande : ce sont : à partir de 1389 la brodeuse Evrarde ; en 1390 Nicaise Sauwalle ; en 1418 Anne, femme du dit Nicaise ; en 1421 Tassart (Eustache) Latargie ; en 1424, Marguerite de l'Esclaterie, ouvrière en broderie ; en 1425, Anne de Flers, veuve de Nicaise Sauwalle ; en 1441, Gilles Latargie ; en 1443 Jean de Rosendael ; en 1454 David de Herselaines ; en 1482 Nicolas de Herselaines et en 1502 Adrien de Herselaines ([3]). En 1482 David de Herselaines avait brodé les nom-

---

1. Archives communales d'Amiens. Compte des années 1396-1397, 1472-1473, 1483-1484, 1496-1497 etc., etc.

2. Archives communales d'Amiens. Compte des années 1487-1480, etc.

1. Compte de 1488-1489.

2. Compte de 1489-1490.

3. Archives communales d'Amiens. Compte de l'année, passim.

breux écussons dont était ornée la tente dressée chaque année par la ville, pour y poser le Saint-Sacrement aux processions de l'Ascension et de la Fête-Dieu ([1]).

En 1475-1476, Jean Picquet avait brodé l'écu des armes d'Amiens « aux besaches de cellui qui quiert par le ville le pain des prisonniers ([2]) », travail renouvelé en 1496 par Nicolas de Herselaines. En 1512-1513, Jean Guérin brode les armes de la ville sur douze écussons attachés aux torches servant pour la procession. En 1519-1520, le tapissier Jacques Carpentier met à point et restaure les tapisseries du roi, dont fut décoré le bateau sur lequel François I et la reine se rendirent à Abbeville en partant pour l'entrevue du camp du drap d'or à Ardres.

Les cartulaires dans lesquels étaient enregistrés les privilèges de la ville, étaient, ainsi que certains livres précieux appartenant à l'échevinage, enluminés avec soin et richesse. En 1389, le peintre Adam de France avait enrichi de lettres d'or le cartulaire des chartes et privilèges de la ville ; en 1426, l'écrivain Jean Le Carpentier écrivit en « lettres de fourme » et relia richement le livre aux édits de la ville d'Amiens. De 1474 à 1475 diverses sommes furent payées à Jean Rousse, « escripvain », pour la reliure de plusieurs de ces recueils et manuscrits. L'un de ces livres, qui est encore aujourd'hui conservé dans les archives communales d'Amiens, fut orné de lettres capitales en or et en couleur offrant des rinceaux, des léopards, des papillons et des écussons armoriés, par l'écrivain Jean Duquet, qui reçut pour ce travail en 1479-1480 la somme de 57 sous. Sur la première page de ce cartulaire est dessinée une miniature assez riche et assez fine, qui représente les armes de France portées par deux anges ; 24 sous furent donnés aussi en 1479-1480 pour un travail analogue, au peintre Ricquier Hauroye ([1]). Deux autres registres en parchemin de la ville furent enrichis d'ornements vers la même date : Jean Obry, enlumineur, travailla à un registre de la ville en 1482 ; l'écrivain Jean Laurent, qui était un miniaturiste assez habile comme le prouvent un encadrement et une lettre majuscule du registre N., conservé dans les archives communales d'Amiens, enlumina d'or et d'azur en 1483 le livre aux Brefs et Ordonnances, et en 1486-1487 « les croniques de France ou il y a LXXVIII grans lettres »; et Jean Bengier en 1484-1485 peignit « aucuns personnages au commencement du livre ou sont enregistrez les habitans et nouveaux bourgois ([2]) ».

Les mentions relatives à la peinture des bannières remises aux milices communales, aux escortes des charriots de vivres de l'armée et pour divers autres usages ont peu d'importance au point de vue de l'art : mais elles présentent un certain nombre de noms de peintres qu'on ne trouve pas souvent ailleurs.

En 1396, 1401 et 1413, Coppin Lejeune ; en 1405, le hugier Simon de Cotigny et le peintre Adam de France ; en 1414 *Andrieu*, (André) le peintre ; en 1433, Jean Sauwalle; en 1459, Raymond Simonnart ; en 1463, Toussaint Deleporte ; en 1476 et 1477, Jean Bengier ; en 1496, encore Jean Bengier qui, avec Ricquier Hauroye, peignit 76 écussons aux armes de France, à l'occasion des obsèques du roi Charles VIII célébrées dans la cathédrale ; en 1499, André de Moncheaux; en 1503, Jacques Platel, qui fit douze écussons aux armes de Jacques Cha-

---

1. Dusevel, *Ouv. cit.*, p. 32.

2. Archives communales d'Amiens. Compte des années 1475-1476, 1479-1480.

1. Archives communales d'Amiens. Compte de l'année 1478-1480.

2. *Id.* Compte des années mentionnées.

bault, mayeur de la ville, lors des obsèques de ce mayeur ; en 1514, Arthur Le Seillier à qui furent commandées des armoiries pour le service célébré après la mort du roi et de la reine ; en 1515, Pierre Palette qui reçut 12 livres pour avoir peint et doré deux grandes bannières de taffetas rouge servant à la procession du Saint-Sacrement ; en 1518 et 1519, 1520 et 1521 encore André de Moncheaux à qui l'on demanda, outre le plan de la ville, des bannières et des armoiries pour pavoiser les bateaux qui conduisirent des vivres au roi pendant l'entrevue du camp du drap d'or (¹).

Les entrées solennelles des souverains, rois de France ou ducs de Bourgogne, l'arrivée de leurs officiers et de grands personnages, les mariages de ces officiers, des enfants des mayeurs ou de ceux qui avaient rendu des services à la ville, étaient marqués par des fêtes, des présents et des dons, à l'occasion desquels nous trouvons les noms de toute une nouvelle série d'artistes, les orfèvres. Ce sont : en 1390-1391, Firmin Conin, Jean Morel et Jean Hanon, qui fournirent des gobelets d'argent donnés en présent ; en 1396, Gilles d'Irlande, qui grava le petit sceau de la ville ; en 1398, Jean de Hollande ; en 1403, Jean de Helleville ; en 1413, Nicolas Vaassal ; en 1415, Olivier Le Vaasseur ; en 1421, Jean Vaassal, qui fit en émail les armes de la ville et livra l'aiguière d'or offerte à Catherine de France ; en 1426, Olivier de Wailly ; en 1427, Jacques de Blangy ; en 1428, Jacques Damien, pour un calice donné par les échevins à un religieux carme à l'occasion de ses prédications, et Jean Douchet, qui grava un sceau servant à marquer les pièces de drap. En 1435, Pietre Sablon, dont le prénom semble indiquer une origine flamande, reçut

46 livres 2 sous pour « le fachon d'un ymage de sant Jehan », dont la ville eût fait présent à la duchesse de Bourgogne, si elle était venue à Amiens, et un autre orfèvre Thomas Philippe exécuta une coupe d'argent doré qui fut offerte à madame de Rivery, femme de Jean de Fosseux (¹). L'écusson d'argent doré émaillé des armes d'Amiens que l'orfèvre Henri Oberon fit pour la ville en 1442-1443, fut sans doute fourni à l'occasion de l'entrée solennelle du Dauphin, solennisée en cette même année par des mystères et des jeux de personnages que représentèrent Jean Lemannier, André le peintre et Guillaume Sauwalle. Lorsque le comte de Charolais vint pour la première fois à Amiens, en 1448, lui furent offerts les deux drageoirs d'argent vairés et dorés en losanges, émaillés des armes du comte et de celles de la ville, qui étaient l'œuvre d'un autre orfèvre d'Amiens, Guillaume François. L'entrée de la Dauphine en 1482 présente un intérêt tout spécial ; sans parler des six bâtons, peints de dauphins et de marguerites, dont les échevins se servirent pour porter une étoffe au-dessus de la tête de la princesse, nous reproduirons les noms de sept orfèvres de la ville, Jean Alart, Jean Gromelu, Pierre Fauvel, Jean Damiens, Henri Corroyer, Pierre de Dury et Pierre Quinquant, qui s'associèrent pour exécuter un navire d'argent doré garni de forteresses, donné en présent par la ville.

Un autre navire d'argent, non moins riche, offert en 1484 à la reine de France, fut l'œuvre de Nicolas Deshoteux, autre orfèvre d'Amiens, à qui la confrérie de Notre-Dame du Puy commanda une image d'argent dont le piédestal était orné de l'écu armorié des 28 maitres de la confrérie. Ce piédestal

---

1. Dusevel, *Ouv. cit.*, p. 27.

1. Archives communales d'Amiens. Comptes des années indiquées.

fut exécuté en 1502 d'après les dessins du peintre Ricquier Hauroye (¹).

Ce même peintre avait aussi été chargé de faire en 1493 les dessins du présent que les échevins se proposaient d'offrir à la reine Anne de Bretagne. Ce présent consistait « en une pièce d'œuvre en fachon de une fontaine d'argent doré, en laquelle y auroit une licorne et une cheraine, et au pied les armes du roy et de la royne, puis au dessoubz celles de la ville esmaillées, affin que la dicte royne puet, en regardant la fontaine, avoir mémoire du dit don (²). » Les échevins avaient demandé à Jean Graval, orfèvre d'Amiens, d'exécuter ce travail; mais le prix qu'il proposa leur parut tellement élevé, qu'ils se décidèrent en avril 1493 à faire exécuter l'œuvre par des orfèvres de Péronne, un autre d'Amiens et un ouvrier de Valenciennes. Nous mentionnerons encore les noms d'Ydier Cugu en 1496, de Pierre Le Cruyssier en 1502 et de Jean Le Marquais en 1521, avec ceux de Lucas de Cuignières et Pierre Lesmessier qui en 1517 ciselèrent les trois chefs en or fin de saint Jean, offerts l'un à la reine de France, l'autre à la mère du roi et le troisième à Mme d'Alençon (³).

L'ensemble des ouvrages d'art dont nous venons de constater l'exécution dans les édifices dépendant de l'échevinage et pour la ville, prouve qu'il y avait à Amiens un grand mouvement artistique et que la bourgeoisie tenait à honneur de décorer avec richesse la cité et ses monuments et de leur donner un caractère religieux.

---

1. Archives communales d'Amiens. Comptes des années indiquées. — Dusevel, *Ouv. cit.*, p. 35.

2. XVIe registre aux délibérations de la ville d'Amiens, avril 1493.

3. Dusevel, *Ouv. cit.*, p. 37. — Archives de la ville. Comptes des années indiquées.

III.

Tableaux exécutés pour la confrérie de Notre-Dame du Puy.

LES confréries poétiques de Notre-Dame du Puy (¹) étaient nombreuses et florissantes, au moyen âge, dans la Picardie, la Normandie, l'Artois, le Hainaut et la Flandre. Il y en avait, dès le XIIIe siècle, à Arras (²) et un peu plus tard, sinon à la même époque, à Tournai, à Douai, à Valenciennes et à Maubeuge, à Rouen, à Caen et à Dieppe, à Abbeville et à Amiens (³).

La confrérie de cette dernière ville, dont l'existence n'a pu être constatée avant 1388, était formée de vingt à trente membres, « maistres rhétoriciens » appartenant pour la plupart au clergé et à la riche bourgeoisie, quelques-uns à la noblesse. Chaque année elle ouvrait plusieurs concours, dans lesquels des récompenses étaient décernées aux auteurs des poésies, des mystères ou des scènes dialoguées jugées les meilleures.

Le principal de ces concours était celui de la Purification. Le maître, élu prince de la confrérie pour l'année expirant en ce jour, faisait publier, quelque temps auparavant, un vers, que tous les concurrents devaient adopter pour refrain d'un poème désigné sous le nom de chant royal, qui était formé de cinq strophes de onze vers, accompagnées d'un envoi, et roulant sur cinq rimes différentes. Le jour même de la Purification, avait lieu l'élection du nouveau

---

1. On sait que le mot *Puy* signifie : tertre, élévation, montagne.

2. A. Dinaux, *Les trouvères artésiens*, p. 12.

3. A. Breuil, *La confrérie de Notre-Dame du Puy d'Amiens*, travaux publiés dans les *Mémoires des antiquaires de Picardie* ; deuxième série, t. III, p. 590. t. V, p. 391. — Au point de vue historique, nous avons puisé beaucoup de renseignements dans le travail de M. Breuil, qui a reproduit lui-même en partie le travail de M. Rigollot.

maître en charge ou prince de la confrérie ; cette élection était suivie d'un repas, donné par le prince de l'année précédente, où tout devait être « appointié a grascieuse et courtoise despense, sans excès », et auquel pouvaient prendre part les femmes des maîtres et parfois des dames de haut rang de passage à Amiens ; un mystère était ensuite représenté, auquel les invités assistaient en portant « ung cappel vert », c'est-à-dire une couronne de verdure donnée par le prince ; et enfin, avait lieu l'examen des poésies envoyées pour le concours. Le lendemain, après une messe dite pour les maîtres défunts, on proclamait dans l'église le nom de l'auteur du chant royal qui avait obtenu le plus de suffrages ; le vainqueur recevait une couronne d'argent, et il était reconduit triomphalement jusqu'à sa demeure. La confrérie faisait célébrer plusieurs fois l'an d'autres messes et offices religieux, auxquels les maîtres assistaient, portant à la main une rose ou la fleur appelée l'œillet du poète.

A dater de 1452, la confrérie de Notre-Dame du Puy d'Amiens encouragea, outre la poésie, l'art de la peinture. Le 15 février de cette année, les maîtres, réunis chez un de leurs confrères, le chanoine Étienne de Blangy, chantre et official, renouvelèrent les statuts qui la régissaient. Voici l'article X de ce nouveau règlement, qui est important pour l'histoire de l'art à Amiens.

X. Item, fera faire le dict maistre présent, et consequamment ses successeurs à venir, tableau, où sera figuré le mistère (¹) approprié pour la feste et solennité principale dudict Puy, qui sera mis au lieu accoustumé en l'église cathédrale d'Amiens le jour de Noël pour y demeurer l'année suivante, en prenant et emportant le tablet de l'année précédente estant au dit lieu (¹). »

Les mots *au lieu accoustumé*, semblent indiquer que l'usage de faire exécuter des tableaux pour la confrérie et de les placer dans la cathédrale existait déjà. Ce qui est certain, c'est que depuis 1452 jusqu'au XVIIIᵉ siècle, chaque année le maître en charge fit exécuter une peinture représentant la sainte Vierge, dont le sujet était fourni par le refrain du chant royal et qui était exposée sur l'un des piliers de la cathédrale. Cet encouragement donné tous les ans aux beaux-arts par une association poétique, cette exposition d'un tableau faite en public et pour une année, au nom d'une association formée de l'élite intellectuelle d'une grande cité, ne se rencontrent, nous le croyons du moins, qu'à Amiens et dans la Picardie. Un usage analogue existait à Abbeville, où le maître en charge de la confrérie parfois faisait exécuter une peinture et parfois donnait une statuette ou une somme pour l'embellissement de l'église (²). Mais c'est uniquement à Amiens que le prince élu pour l'année était tenu obligatoirement, par un article des statuts, à faire exécuter et à offrir un tableau.

On serait porté à croire que cette obligation aurait été parfois éludée et qu'à Amiens, comme à Abbeville, le tableau aurait été de temps en temps remplacé par un autre objet d'art ou par un don en espèces. Il n'en a jamais été ainsi dans la capitale de la Picardie. Les documents établissent que cet article X des statuts fut toujours stric-

---

1. Par le mot *mistère* il faut entendre le vers servant de refrain pour le chant royal.

1. Ce texte, comme l'ensemble de la notice historique, est emprunté aux travaux déjà cités de M. A. Breuil. Il se trouve dans le tome III des *Mémoires des antiquaires de Picardie*, p. 611.

2. A Breuil. *Ouv. cit.*, p. 532. Dans l'histoire de la confrérie d'Abbeville, on trouve onze fois seulement, durant le XVIᵉ siècle, la mention de tableaux offerts par le maître en charge.

tement exécuté, et que diverses mesures développèrent de plus en plus les avantages qui en résultaient pour les beaux-arts.

Sans doute, il arriva, à plusieurs reprises, que certains maîtres, élus princes, ne purent, pour des causes diverses, situation de fortune, opposition d'un supérieur, etc., accepter l'honneur qui leur était fait et les charges qu'il imposait. En ce cas, les autres maîtres se cotisaient pour trouver la somme nécessaire et ne point laisser déchoir la fête ni l'encouragement donné à l'art de la peinture. Il en fut ainsi en 1457, en 1465 et en 1468 ([1]). En 1488, la confrérie obtint la faveur de pouvoir établir définitivement son siège dans la cathédrale, et en 1493, sous la maîtrise du doyen du chapitre, Adrien de Hénencourt, il fut décidé que la messe du jeudi de chaque semaine, à laquelle assistaient tous les membres de la confrérie, serait célébrée dans la même église à l'autel du Pilier rouge, faisceau de colonnes du transept, s'élevant à droite entre le chœur et le déambulatoire. Peu de temps après, en date du 9 janvier 1494, la confrérie obtint que les tableaux, après avoir été exposés pendant une année, pourraient rester dans la cathédrale à un endroit désigné par le maître en charge, après que celui-ci en aurait obtenu l'autorisation du chapitre. Et à cette occasion, des tableaux, précédemment retirés, furent rapportés et placés dans l'édifice ([2]).

En 1509, deux concordats furent passés par la confrérie Notre-Dame du Puy, l'un avec l'évêque Pierre Versé et l'autre avec le chapitre. L'évêque concéda, aux membres de cette confrérie, l'autorisation de former une corporation, une communauté, et en cette qualité de posséder un sceau et un coffre fermé à trois serrures ; le chapitre leur donna définitivement le Pilier rouge pour tous les offices religieux avec la permission d'exposer leurs peintures en allumant des cierges vis-à-vis, à la condition que chaque nouveau prince demanderait l'autorisation d'allumer les cierges à l'évêque et celle de placer les peintures aux chanoines.

La confrérie était donc, en ce qui concerne ses tableaux, favorisée par l'évêché et le chapitre. En 1517, eut lieu un événement qui la mit, ainsi que ses tableaux, en très grand renom. Le 29 mai, François Ier visita la ville d'Amiens : la reine-mère, Louise de Savoie, qui l'accompagnait, prit plaisir à entendre les chants royaux et à contempler les peintures. Elle déclara « qu'elle vouldroit bien avoir le pourtraict « de tous les tableaux, ensemble les balades « et champs *(sic)* royaulx, mys et présen- « tez à l'honneur de la glorieuse Vierge « Marie en la grande église d'icelle ville « par les maistres de la confrairie que on « dit du Puch. » Les échevins, à qui ce désir fut manifesté, se firent un devoir de le satisfaire. Les poésies furent transcrites par sire Jacques des Béguines, prêtre, qui reçut XII livres « pour avoir escript en bonne lectre de fourme XLVIII balades et champs royaux ». Un enlumineur, du nom de Guy Le Flameng, qui résidait à Amiens, fut chargé de peindre les grandes lettres, travail pour lequel il reçut XIII l. X s. Un marché avait été conclu avec un peintre d'Amiens dont nous avons déjà parlé, Jacques Platel, qui reproduisit « en

---

1. Pagès, *Manuscrits*, t. III, p. 505, t. V, p. 413.

2. Voici le texte de la décision du 9 janvier 1494 : « Item, que le tableau present et ceulx qui cy après seront mis en ladicte église demourront en icelle église, à les mettre es lieux à la devocion de ceulx qui les auront fait faire et du congié de messieurs du chapitre, sans les faire plus grands que cestui qui y est present et de l'histoire le plus honneste que sera possible, lequel tableau sera rapporté et mis en ladicte église, en dedens le jour de Pasques, après que le maistre anchien aura levé son tableau le jour de Noël, pour donner lieu au nouveau comme est coustume. »

blancq et noir » (grisaille) quarante-huit tableaux conservés dans la cathédrale et fit une première miniature représentant la reine-mère à qui deux échevins offraient le manuscrit. Les membres de l'échevinage, estimant qu'il n'y avait point à Amiens un enlumineur assez habile pour colorier les grisailles, s'adressèrent à Jean Pinchon, miniaturiste et *historien*, demeurant à Paris, qui se chargea, pour une somme de CXX livres, de « enluminer bien richement les XLVIII histoires estans audit livres »; ses enfants et serviteurs reçurent en outre 50 sous pour les soins qu'ils apportèrent au travail. A un relieur de Paris, nommé Pierre Favereux, fut payée une somme de 6 livres, sans y comprendre « le velours pers » dont le manuscrit fut couvert et la grande custode noire en laquelle il fut enveloppé. Deux échevins allèrent porter et présenter ce livre à la reine-mère, au château d'Amboise, où elle résidait. Ce manuscrit se trouve aujourd'hui à la Bibliothèque nationale de Paris, où il porte le n° 145 du fonds français. Il est très intéressant pour l'histoire artistique de la confrérie de Notre-Dame du Puy; il offre quarante-huit chants royaux et autant de miniatures représentant des tableaux presque tous aujourd'hui perdus. Toutefois en reproduisant ces tableaux, le peintre amienois Jacques Platel ne s'est pas attaché à être exact : le ton d'uniformité des quarante-huit miniatures et les différences qu'elles présentent avec les quelques tableaux qui existent encore le prouvent suffisamment. D'un autre côté, l'enlumineur de Paris, qui sans doute n'avait point eu les peintures sous les yeux, a encore dénaturé davantage leur caractère.

Cependant, comme chaque année un nouveau tableau s'ajoutait dans la cathédrale aux précédents, l'édifice, après deux ou trois siècles, était devenu en quelque sorte le musée de la confrérie; on voyait ses peintures sur presque toutes les colonnes, et les volets mobiles, qui garnissaient la plupart des panneaux, ajoutaient encore, lorsqu'on les ouvrait, à l'encombrement. En 1670 ou 1671, on eut la malencontreuse idée de détacher les volets et de les placer dans plusieurs chapelles, ce qui fit perdre en partie l'intérêt historique qu'offraient les peintures et souvent empêcha de retrouver le nom du donateur ([1]). Au commencement du XVIIIᵉ siècle, lorsque la confrérie eut perdu en grande partie l'influence et le prestige dont elle avait joui jusqu'alors, quelques tableaux furent enlevés. En 1723, un religieux qui prêchait le carême s'étant plaint de ce que le passage conduisant à la chaire était obstrué par ces peintures, le chapitre, qui depuis longtemps était peu satisfait de voir l'encombrement s'accroître d'année en année, fit déplacer trois tableaux, puis, une délibération capitulaire décida que tous les autres seraient enlevés. La confrérie s'avisa un peu tard de faire opposition ; elle ne put obtenir gain de cause. On décrocha tous les tableaux. Bon nombre furent jetés au rebut ou même détruits ; plusieurs furent donnés à des églises de campagne. Quelques-uns, sans doute parce qu'ils étaient considérés comme les plus précieux, furent conservés ; mais on les relégua avec leurs encadrements sculptés, dans le cloître de la cathédrale, désigné sous le nom de galerie des Machabées. Vers 1824, l'érudit archéologue, M. du Sommerard, qui les avait vus à Amiens, en parla à la duchesse de Berry, et lorsque la princesse vint dans cette ville en 1825, elle les examina avec le plus grand intérêt et admira tout particulièrement la finesse des sculptures de plusieurs de leurs encadrements : on lui fit présent, à son

1. Pagès, *Manuscrits*, t. V, p. 403, 404, 552. — A. Breuil, *Ouv. cit.*

départ, de cinq de ces encadrements ([1]). Les tableaux, après avoir beaucoup souffert dans le cloître où ils avaient d'abord été placés, sont aujourd'hui soigneusement conservés dans une galerie intérieure du palais épiscopal d'Amiens.

Quelques-unes de ces peintures, celles de 1518, de 1519 et de 1525, ont été, ainsi qu'une miniature du manuscrit, reproduites en chromo par M. Du Sommerard dans les *Arts au moyen âge* ([2]). Trois ont été gravées au trait pour le travail de M. Breuil ([3]). Mais ces reproductions ne peuvent donner une idée des originaux. Nous voudrions, après avoir dit quelques mots sur l'ensemble des peintures faites pour la confrérie, décrire aussi complètement que possible celles qui existent encore aujourd'hui, et les étudier au point de vue de l'art, en les comparant à des tableaux analogues qui se trouvent encore aujourd'hui dans le nord de la France. Trois héliogravures, exécutées par M. P. Dujardin, compléteront ce travail.

L'exécution des tableaux de la confrérie Notre-Dame du Puy présentait une difficulté toute spéciale. Loin d'être libre dans le choix du sujet, le peintre était tenu à s'inspirer d'un vers souvent prosaïque ou même étrange dans l'idée et la forme. Le maître en charge, en adoptant le vers qui devait servir de refrain au chant royal, faisait souvent allusion à ses fonctions et à sa vie ou même y faisait entrer un jeu de mots dans lequel son nom figurait d'une manière plus ou moins bizarre; parfois, mais rarement, le refrain était emprunté à la situation politique de la ville ou de la province.

En 1466, dans le vers proposé par Martin Davennes, maître cordonnier, il est question de *forme* :

Scéel divin, ou Dieu prinst forme humaine.

Pour Jean Marchant, maître en 1474, qui était prêtre et clerc d'une église paroissiale, la Vierge est un calice choisi par le Rédempteur :

Calice eslut au divin sacrifice.

Un grainetier d'Amiens, Jean Bertin, adopte pour refrain, en 1480 :

Grenier rempli du sel de sapience.

En 1493, un conseiller du roi, Jean Dardre, fait allusion à son nom en prenant pour refrain :

Aube du jour, qui le monde illumine.

Le curé d'une paroisse nommée Cisterne, maître en charge pour l'année 1509, ne manque point de rappeler ce nom d. . sa devise :

Digne cisterne à l'eaue désirée.

En 1536, le prince du Puy, Hugues Cordier, fut mieux inspiré. Il fit allusion à la résistance de la ville de Péronne, qui avait sauvé la Picardie et l'Ile de France, en proposant aux concurrents le vers qui suit :

Contre ennemis forte et terrible enceinte.

On peut voir jusqu'où allait parfois la recherche des jeux de mots dans le refrain adopté par Robert Bellegambe, maître de l'hôtel du *Pot d'étain*, qui fut prince en 1541 :

Pot pur portant potion précieuse.

Tous les mots commencent par la lettre *P*, et la première syllabe est répétée au milieu du vers.

Ces exemples suffiront pour montrer combien était difficile la tâche du peintre. Sans doute des pensées pouvaient lui être fournies par l'œuvre du poète; mais lorsque

---

1. En 1849, la duchesse de Berry voulut bien rendre au Musée d'Amiens trois de ces encadrements qu'elle avait fait restaurer par d'habiles artistes.

2. Du Sommerard. Les *Arts au moyen âge*, VI série, planches XXXIII, XXXIV et XXXV; 9 série, pl. XXX; Atlas, chap. 6, pl. IX.

3. Breuil, *Ouv. cit.*, p. 460 et suiv.

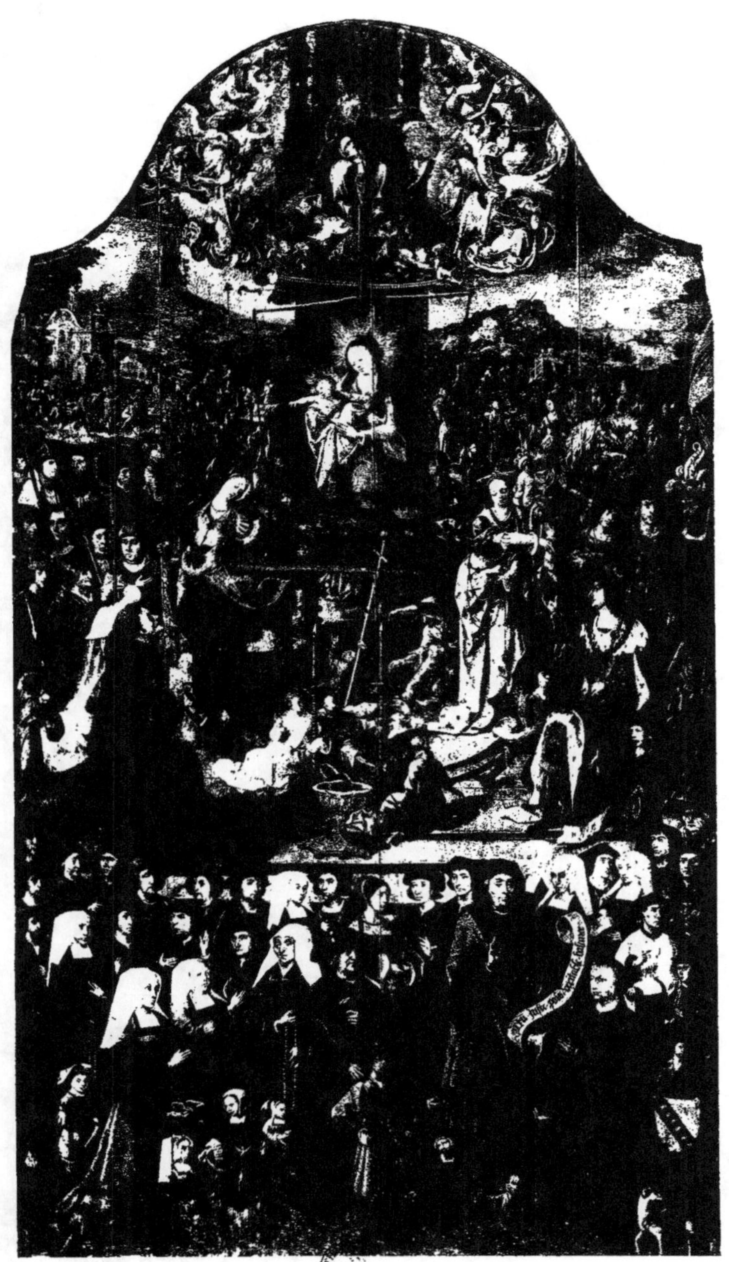

TABLEAU EXÉCUTÉ EN 1518

Pour la Confrérie de Notre Dame du Puy à Amiens

l'on a parcouru un certain nombre des chants royaux, où trop souvent une érudition pédantesque s'unit à un goût douteux, on se demande s'il était possible pour l'artiste de mettre à profit les vers du rimeur. Ce qui lui fut plus utile, c'est un usage qui ne tarda pas à s'introduire dans la composition des tableaux : le maître en charge y était presque toujours représenté avec des membres de sa famille et plusieurs de ses amis ; le pape, le roi et de grands personnages intervenaient parfois dans la scène ; enfin, on y rappelait, mais rarement, des événements politiques récemment survenus.

Quoi qu'il en soit de ces dernières observations, l'œuvre du peintre, qui avait à représenter un sujet toujours le même au fond, la glorification de la sainte Vierge, offrait de sérieuses difficultés. Aussi, est-on étonné en étudiant les tableaux encore conservés et ceux que l'on peut apprécier par le manuscrit de la Bibliothèque nationale et l'ouvrage de Pagès, de l'esprit inventif que révèlent plusieurs d'entr'eux et de l'importance qu'ils offrent sous le rapport de l'art. Voici la description d'un certain nombre de ces peintures. La plus ancienne dont il est possible de donner une idée, date de 1452, l'année même où il avait été décidé que le prince de la confrérie ferait exécuter un tableau.

Le maître en charge de cette année, Simon Pertrisel ou Pétrissel, avait pour armes *d'azur à trois perdrix d'or, deux en chef et une en pointe*, et pour refrain.

Digne eschielle, de terre au ciel la dresse.

Son tableau représentait l'échelle mystérieuse de Jacob, dont le pied s'appuyait sur la terre et le sommet touchait le ciel, et sur laquelle montaient et descendaient les anges ; cela rappelait la perdrix qui part de terre et monte dans l'espace. Cette échelle

était une figure de la sainte Vierge, par le secours de laquelle l'homme arrive au ciel. Ce tableau, petit et moins orné que l'ensemble des autres, était, au dire de Pagès, très bien peint. Il se trouvait sur un pilier devant la porte de la sacristie (¹).

Nous pouvons décrire, d'après la 48e miniature du manuscrit de Paris, la peinture offerte en 1458 par le maître en charge, Jean Framery, procureur au bailliage d'Amiens, qui avait pris pour devise :

Miroir de foy, d'amour et d'espérance.

Au centre du tableau, se trouve un riche miroir de forme circulaire, porté par un pied en or, au bas duquel sont les quatre animaux symboliques qui rappellent les évangélistes. Sur la bordure du miroir se voient le Père éternel, saint Jean Baptiste, saint Jean l'Évangéliste et plusieurs autres saints ; et au centre du miroir lui-même, on aperçoit la Vierge tenant en ses bras l'Enfant Jésus. A gauche du miroir, chantent trois anges, aux ailes multicolores et formées de plumes de paon ; de l'autre côté, le donateur, couvert d'un long vêtement brun est agenouillé et tient en ses mains une banderole sur laquelle est écrit le vers qui lui a servi de devise. La Vierge portant l'Enfant Jésus et le donateur tenant une banderole sur laquelle est inscrit son refrain, ont été, au moins à partir de 1458, représentés sur tous les tableaux (²).

Il en est ainsi, en 1461, pour la peinture offerte par Guy de Tallemans, procureur au bailliage d'Amiens, dont le refrain était

Lampe rendant en ténèbres lumière.

Le tableau représente une église gothique, avec des colonnes et des statues. Au fond,

---

1. Pagès, *manuscrits*, t. V, pp. 101 et 102.
2. Bibliothèque nationale de Paris, mss. n° 145 des fonds français (ancien 6811), 48ᵉ miniature. M. Breuil a décrit ce tableau, *ouv. cit.*, p. 418. M. Du Sommerard en a donné un dessin polychrome dans les *Arts au moyen âge*, 9ᵉ série, pl. XXVIII.

dans une niche est debout la Sainte Vierge tenant de la main droite une lampe allumée et sur son bras gauche l'Enfant Jésus, qui avance la main vers la lampe. Au-dessus, le Père éternel et l'Esprit-Saint ; plus bas, le maître en charge, avec la banderole où est tracée sa devise, et, sur les côtés, des tribunes remplies de personnages.

Au sujet du tableau de l'année 1466, nous ferons seulement remarquer que le refrain déjà cité (¹) proposé par le maître cordonnier Martin Davesnes a été interprété à l'aide d'une matrice de sceau que la Sainte Vierge tient en ses mains.

Après avoir indiqué la peinture de 1471 où se voyaient divers animaux, près de chacun desquels se lisait une devise pouvant se rapporter à la Sainte Vierge, nous arriverons au tableau peint en 1499, qui est conservé en partie au Musée d'Amiens. Nous disons en partie, car une main inepte et barbare en a détruit toute la partie supérieure. La Vierge, dont on ne voit qu'une partie de la robe et les pieds, est debout sur une roche entourée d'eau au milieu d'un jardin ; elle pose son divin Fils, comme un fruit, sur un arbre touffu qui monte jusqu'à sa ceinture. Tout autour, en des îles, un pape, un cardinal, un évêque, un empereur, un roi et divers grands personnages. A l'entrée du jardin un archange ; à droite de la Vierge un ange qui touche l'orgue, à gauche un autre ange qui chante en tenant un cahier couvert d'une notation musicale. Au bas, le donateur, Antoine de Cocquerel, conseiller au bailliage d'Amiens, avec son vers sur un phylactère :

Arbre portant fruict d'éternelle vie.

Derrière plusieurs dames qui semblent être de la famille du maître en charge; toutes tiennent à la main un fruit ou une fleur rouge,

ce qui rappelle les fêtes où tous les membres de la confrérie et leurs invités portaient une fleur. Çà et là, près de ces personnages, des *coqs*, allusion au nom du prince. Bien qu'elle ait beaucoup souffert, cette peinture se fait remarquer par sa finesse et surtout par l'expression des figures. C'est une œuvre intéressante en elle-même et curieuse pour l'histoire de l'art. Elle prouve que, dès 1499, les peintres travaillant pour la confrérie de Notre-Dame-du-Puy d'Amiens s'étaient déjà formé un genre qui tenait de l'École flamande et un peu de l'École française.

Jean Le Caron, receveur des aides, maître en charge de la confrérie en 1501, avait sans doute pris une part quelconque en 1498 au sacre du roi Louis XII : il adopte pour devise :

Sacrée ampoule à l'onction royale,

et une partie de son tableau rappelle cette cérémonie. Ce tableau était, comme beaucoup de ceux qu'offraient les princes du Puy, un triptyque à volets mobiles. Dans le panneau du milieu, qui n'existe plus, la Vierge, assise dans une sorte de niche soutenue par des nuages, et tenant à la main une fiole, la sainte ampoule, et devant elle l'Enfant Jésus couronné par deux anges. A leurs pieds, rangés en demi-cercle, vêtus d'habits royaux et tenant l'écu de leurs armes, le pape, l'empereur, le roi de France, et les autres souverains de l'Europe; au bas, le donateur avec sa devise, ses armoiries et les membres de sa famille. Les deux volets sont conservés dans le Musée de Cluny, sous le n° 1682. Celui de droite représente le sacre de David : dans une chapelle, le roi est agenouillé et près de lui se tient debout le prophète Samuel, portant dans les plis d'un voile la corne remplie de l'huile sacrée; dans le fond, un grand nombre d'hommes d'armes en costume du XVe siècle, ayant

---

1. Sèel divin ou Dieu prinst forme humaine.

sur leurs vêtements les armoiries attribuées à David, la harpe couronnée. Le volet de droite représente aussi une chapelle, avec un riche retable au-dessus duquel s'élève un dais portant les mots : *Ung Dieu, ung Roi, une Foi;* sous le dais, le roi Louis XII couvert d'une robe fleurdelisée, auprès de lui l'archevêque de Reims et les autres pairs de France, reconnaissables à leurs armoiries et tenant les attributs de la royauté. Dans les galeries, sont groupés des écuyers sonnant de la trompette, dont les bannières sont à l'emprise du roi, le porc-épic et les L couronnés. Ces peintures étaient très estimées, lorsqu'elles étaient dans la cathédrale d'Amiens; on les considérait comme très remarquables. Elles n'ont plus leur coloris primitif; elles avaient beaucoup souffert, lorsqu'elles furent sauvées d'une destruction imminente par M. Thieulloy, d'Arras: comme elles ont été restaurées, il est actuellement difficile d'apprécier leur valeur ([1]). Il nous semble qu'elles étaient inférieures à celles conservées au Musée et à l'évêché d'Amiens.

L'un des tableaux les plus intéressants, comme sujet et composition, est celui de l'année 1506, que nous pouvons décrire d'après la 37e miniature du manuscrit de Paris et d'après un récit détaillé de Pagès. Cette peinture avait été faite par ordre de Pierre Pèredieu, prêtre, grand-maître des écoles d'Amiens, qui avait pris pour devise.

Siège au grand maistre administrant science.

1. Cette description est empruntée aux *Manuscrits* de Pagès, t. V, p. 121 à 127; à Breuil, *ouv. cit.*, p. 437 et au *Catalogue du Musée des Thermes et de l'hôtel de Cluny*, p. 104. — On trouve dans le Musée de Cluny, sous les n°s 1680 et 1681, deux autres tableaux, dont le refrain est pour l'un *Vallée où croît le froment viatique*, et pour l'autre *Église où Dieu a fait sa résidence*. Comme nous ne trouvons point ces deux vers dans les recueils des refrains choisis par les maîtres en charge d'Amiens, nous ne croyons pas que ces deux tableaux aient été faits pour cette ville. Ils ont peut-être été peints pour la confrérie d'Abbeville. Ils sont de dimensions plus petites et dénotent moins de mérite artistique que ceux encore aujourd'hui conservés à Amiens.

Au centre d'une salle, la Vierge, assise sur le siège du professeur, tient en main un livre sur lequel elle apprend l'Enfant Jésus à lire ; au-devant d'elle, un maître, assis devant une table, fait un cours à diverses personnes, gens d'église, laïcs et enfants. A droite et à gauche diverses allégories représentant les arts libéraux et les arts mécaniques. Plusieurs figures symbolisent les arts libéraux: une jeune fille, qui porte une tablette où sont les caractères de l'aphabet avec une clef, est la *Grammaire*, clef de toutes les sciences; la *Rhétorique* et la *Philosophie* sont représentées par des docteurs en robe et en bonnet, qui donnent des leçons à des jeunes gens assis sur des bancs ; une femme, dont la robe est parsemée de chiffres arabes, est la *Science des nombres ;* une autre, qui tient un papier noté et une harpe, est la *Musique*, science qu'un maître enseigne à des enfants; il en est de même de la *Géométrie*, qui tient un quart de cercle, et de l'*Astronomie* qui, avec un astrolabe, étudie le ciel. C'est encore par des jeunes filles, avec des emblèmes, que sont représentés l'*Agriculture*, le *Négoce* et la *Navigation*, tandis que l'*Art de guérir* est figuré par un docteur en robe. Deux femmes symbolisent la *Guerre* et la *Chasse*. Les arts mécaniques sont représentés par des ouvriers qui exercent divers métiers. Cet ensemble, auquel il faut ajouter le maître en charge, avec ses armoiries, est un intéressant spécimen de l'esprit d'invention qui caractérisait les peintres travaillant pour la confrérie de Notre-Dame de Puy d'Amiens. Pagès admirait ce tableau, qui est, dit-il, « fort « curieux et d'un dessin particulier, dont les « figures sont dans des attitudes convena-« bles, le coloris et les carnations naturels, et « les draperies bien jetées » ; il ajoute qu'on n'a pas épargné l'or dans les ornements ([1]).

1. Pagès, *Manuscrits*, p. 193 à 196.

Les tableaux des années 1518, 1519 et 1520 sont conservés à l'évêché d'Amiens. Ce sont trois œuvres importantes, qui méritent une description détaillée et une étude complète.

En 1518, la confrérie choisit pour prince ou maître en charge, Antoine Picquet, conseiller et procureur du roi. Chargé de l'administration de la justice, ce maître fait allusion à l'équité qui devait caractériser tous ses actes, en prenant pour refrain :

Au juste pois véritable balance.

Voici comment le peintre a interprété ce thème en réalité assez vulgaire.

La Vierge, tenant en ses bras l'Enfant-Jésus, occupe le centre du tableau. Au-dessus d'elle, sur un trône d'une riche architecture, entouré d'anges qui jouent divers instruments de musique, est assis le Père éternel, qui tient de la main droite, une balance, dont les deux plateaux descendent près de la Vierge. L'Esprit-Saint est représenté, près de Dieu le Père, sous la forme d'une colombe, qui, de son bec, fait pencher la balance du côté droit, et l'Enfant-Jésus tire le cordon dans le même sens, allusion à la grâce et aux mérites de l'Homme-Dieu, qui font fléchir la justice divine et l'inclinent vers la miséricorde, vers l'Église. Vis-à-vis la Vierge et l'Enfant-Jésus, sur une table, sont déposés des couronnes, des poids et des pièces d'or, retirés de la balance : à côté, deux personnages allégoriques sous la figure de jeunes femmes représentant des vertus, peut-être la Justice et la Charité, prennent les pièces d'or et les distribuent autour d'eux. A droite, entouré de cardinaux, d'évêques et de plusieurs personnages de sa cour, est debout le pape Léon X, portant la tiare et les vêtements pontificaux : il avance la main pour recevoir ce qui lui est dû comme pape et comme

roi ; à gauche, en avant d'un groupe d'officiers et de gentilshommes près desquels se voient le fou Triboulet et deux pages tenant l'un un faucon et l'autre un étendard, se tient debout le roi François Ier, portant le manteau fleurdelisé, l'hermine, la couronne et le sceptre, ayant à ses côtés la reine-mère, Louise de Savoie : le roi avance aussi la main pour recevoir ce qui lui est dû comme souverain temporel. La jeune femme qui symbolise la Justice écarte d'une main le fou Triboulet, qui voudrait recevoir l'or, et de l'autre fait place au roi. L'autre figure allégorique, la Charité, jette des pièces d'or, qui sont recueillies par un mendiant, un Lazare, et par un groupe d'enfants gracieusement jeté en avant de la table au milieu de vases sacrés, de croix, de chandeliers et d'objets servant au culte. Dans le fond, à la hauteur du groupe de la Vierge, dans un paysage, formé par des rochers et par la mer, se voient des vendangeurs et des moissonneurs qui reçoivent eux aussi la juste récompense de leurs travaux. Au bas, deux groupes : l'un a pour personnage principal le donateur Antoine Picquet, tenant entre ses mains une banderole sur laquelle est inscrit son refrain, et agenouillé devant un prie-Dieu dont la housse porte son écusson, *d'azur à la bande de gueules chargée de trois vases d'or* (¹), et tout autour un grand nombre de ses parents ou de ses amis, dont les têtes sont évidemment des portraits ; l'autre groupe présente la femme du donateur agenouillée aussi sur un prie-Dieu et entourée d'un grand nombre de dames qui lui étaient unies par le sang ou l'amitié ; en avant du mari et de sa femme, leurs enfants, assis sur le sol, agenouillés ou se tenant par la main.

---

1. Le champ devait être de *métal* puisque la bande est de *couleur*. Il y a là une erreur ou une faute contre les règles de l'art héraldique.

Antoine Picquet, avec sa femme et les siens, a obtenu aussi une juste récompense, par la dignité de prince de la confrérie qui lui a été accordée.

Remarquable par l'esprit d'invention, par l'ensemble large et heureux que son auteur a su tirer d'un refrain prosaïque et banal, le tableau de 1518 est surtout intéressant comme composition. Les différents groupes et les nombreux personnages qui se pressent sur le panneau sont pleins de mouvement et de vie ; et cependant tout s'y présente non seulement sans confusion, mais avec harmonie. Il y a, sous ce rapport, un mérite particulier, qu'on ne retrouve à ce point ni dans l'école flamande ni dans l'école française; Simon Marmion et Jean Bellegambe s'en rapprochent, dans certains groupes du Bain mystique, de l'Immaculée Conception et des volets du retable de Saint-Bertin. Beaucoup de têtes sont évidemment des portraits ; les physionomies sont très bien individualisées: c'est la tête large, énergique et ouverte des Picards. Sous ce rapport, la peinture tient de l'école flamande. Le coloris est moins chaud et moins vigoureux, mais plus harmonieux et plus agréable à l'œil que celui des Flamands. Les têtes n'offrent point la teinte chaude des Van Eyck et de leurs imitateurs, ni celle un peu rougeâtre de Bellegambe ; c'est une teinte blanche, qui n'a rien de la pâleur presque maladive de certaines peintures de l'école française au commencement du XVIe siècle. Suavité, finesse, transparence, éclat, voilà ce qui caractérise le coloris des œuvres exécutées de 1518 à 1520 pour la confrérie de Notre-Dame du Puy. Le cadre qui entoure ce panneau, est un chef-d'œuvre de sculpture de l'époque Renaissance ; il se trouve dans le Musée de la ville d'Amiens.

Le nom d'André Després, prêtre, avocat en la cour spirituelle d'Amiens, prêtait à un jeu de mots qu'on n'oublia pas en 1519 d'insérer dans le refrain d'après lequel la Vierge devait être chantée et peinte :

Pré ministrant pasture salutaire.

Au centre de la composition dans un riant paysage où s'étendent, en avant d'une colline et de la mer, des prés que l'on appelle dans le langage du nord des *pâtures*, la Vierge, représentée sous le type d'une mère admirable de beauté, de vigueur et de santé, est assise sur le gazon donnant le sein, *la pâture*, au divin Enfant. Au-dessus d'elle, dans un nuage, la Sainte-Trinité la contemple ; à ses côtés, sont assises quatre femmes, portant chacune un oiseau ou une fleur qui sont là pour soigner l'Enfant-Jésus et sa Mère, et plus loin David et un roi Mage représentant les Hébreux, et les gentils, qui ont reçu, les uns et les autres, la grâce, cette pâture spirituelle. A l'arrière-plan, dans les prés, des jeunes gens sont couchés sur le gazon, s'offrent des fleurs, dansent ou se promènent en barque jouissant ainsi des plaisirs qu'offre une prairie. Ce qu'on admire tout particulièrement dans ce tableau, c'est le paysage : dans le lointain, des châteaux, des maisons, des jardins et des bocages, une rivière sur laquelle se promènent des cygnes. C'est une scène pleine de fraîcheur. L'herbe verdoie, les fleurs éclosent, tout s'anime et s'égaie près de la Vierge, qui répand la vie, l'allégresse et la grâce autour d'elle. Au bas, sur le premier plan, le donateur, agenouillé devant un prie-Dieu avec la banderole où est inscrit son refrain, et deux groupes, l'un d'hommes et l'autre de femmes, dont tous les personnages portent à la main une fleur, comme cela avait lieu à certains offices religieux de la confrérie. Ce tableau et celui de l'année suivante présentent les mêmes qualités que celui de 1518.

Le mot *Nicolas* dérive, on le sait, de deux mots grecs qui signifient *vainqueur du peuple*. C'est sans doute pour rappeler cette étymologie, que Nicolas le Caron, conseiller, choisit pour devise en 1520 :

Palme eslute du Saulveur pour victoire.

Au centre du tableau, un magnifique palmier qui s'élève très haut; la Vierge, type admirable d'efflorescente et calme beauté, est appuyée, avec l'Enfant-Jésus dans ses bras, contre le tronc de l'arbre. Les apôtres qui ont vaincu le monde et remporté la palme du martyre, sont rangés des deux côtés de Marie et de l'arbre symbolique. Dans le fond, à l'arrière-plan, une lointaine perspective très bien représentée: d'un côté la cathédrale d'Amiens, dont on distingue, malgré sa petitesse, tous les détails d'architecture ; et de l'autre, un château sur une hauteur boisée avec le prieuré de Saint-Remi-au-Bois; au milieu de ce paysage, une large rivière, la Somme, chargée de barques et de vaisseaux, d'où descendent des soldats. Ces soldats vont rejoindre d'autres guerriers qui luttent pour empêcher l'ennemi d'entrer dans la ville d'Amiens et remporter, eux aussi, la palme de la victoire. Au bas du tableau, le maître en charge est agenouillé devant un prie-Dieu sur lequel sont ses armes, et autour de lui se tiennent debout plusieurs de ses parents ou amis ; vis-à-vis est aussi agenouillée devant un prie-Dieu une dame, entourée de plusieurs femmes, comme dans les précédents tableaux. Pagès assure que le peintre s'est représenté dans ce tableau ainsi que dans celui de 1518. Le cadre, qui se trouve aujourd'hui dans le musée d'Amiens, est une œuvre de sculpture très remarquable, offrant l'ornementation du style ogival flamboyant.

Le tableau de l'année 1521 est presque complètement détruit; la peinture est tombée par écailles. Il en reste à peine quelques fragments, dans l'un desquels on voit une tête de femme très finement exécutée. C'était une œuvre digne des peintures de 1518 à 1520 ; elle a été reproduite, au trait, avec son riche encadrement dans les *Mémoires des Antiquaires de la Picardie*, d'après un croquis pris il y a plus d'un demi-siècle.

Philippe de Conti, capitaine des arbalétriers d'Amiens, fut élu prince de la confrérie pour l'année 1525, et choisit comme refrain :

Pour nostre foy militante contesse.

Le tableau représente un tournoi, avec la lice, des juges sous la tente, des pages, des varlets et des trompettes : au-dessus, la Vierge, tenant l'Enfant-Jésus dans ses bras, distribue les prix aux vainqueurs. Ce panneau a été reproduit par M. Du Sommerard. Il est moins remarquable que ceux précédemment décrits. Les traditions des anciennes Écoles de peinture d'Amiens, de France et des Pays-Bas tendaient déjà à disparaître devant l'influence des peintres ayant étudié en Italie. Les autres tableaux qui existent encore sont de date beaucoup plus récente et ne présentent plus, à notre point de vue, ni pour l'art en général, autant que nous en pouvons juger par les quelques spécimens qui restent, la même importance et la même originalité. C'est surtout à la fin du XVe et au commencement du XVIe siècle que la confrérie de Notre-Dame du Puy a exercé une sérieuse influence sur l'art de la peinture à Amiens.

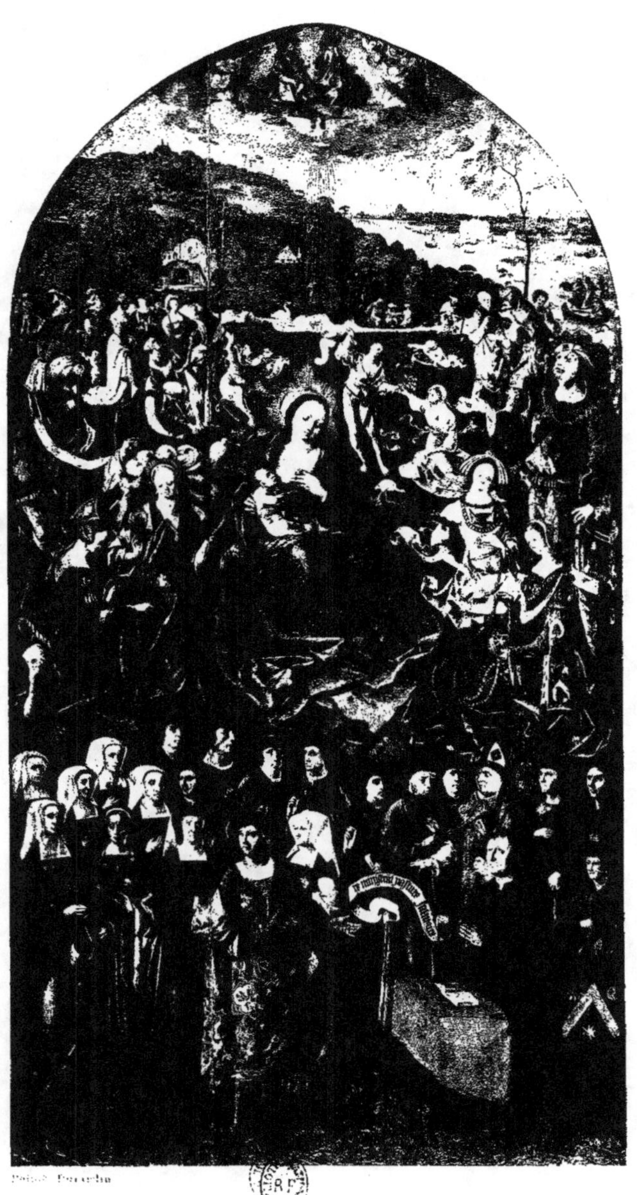

TABLEAU EXÉCUTÉ EN 1519
Pour la Confrérie de Notre Dame du Puy à Amiens

IV.
L'École locale d'Amiens.

APRÈS avoir étudié l'art à Amiens dans ses trois centres principaux, la cathédrale, les édifices de la ville et les peintures exécutées pour la confrérie de Notre-Dame du Puy, nous voudrions essayer de répondre à la question que nous nous sommes posée, en commençant ce travail ; quels sont les rapports qui existent entre l'art à Amiens et l'école flamande du XIVe et du XVe siècle?

En recherchant les origines du mouvement, d'où est sorti, vers la fin du moyen âge, le caractère artistique donné à la confrérie de Notre-Dame du Puy, les deux membres de la Société des Antiquaires de la Picardie, dont nous avons déjà parlé, M. Rigollot et M. A. Breuil, ont exposé leur opinion dans la page qui suit :

« C'est un fait digne de remarque qu'à Amiens, au milieu du XVe siècle, une confrérie, formée en majeure partie de gens d'église et de bourgeois, ait fait exécuter, chaque année, un tableau en l'honneur de la Vierge. La dépense de cette exécution devait être assez lourde ; et pour que les maîtres de la confrérie l'acceptassent, il fallait que le goût des beaux-arts et en particulier celui de la peinture fussent très répandus chez nos ancêtres ; il fallait qu'Amiens renfermât des artistes capables d'exécuter les tableaux d'une manière satisfaisante. La réunion de ces diverses conditions peut, à notre avis, s'expliquer par l'existence d'écoles florissantes de peinture dans une province limitrophe de la Picardie, dans la Flandre, alors gouvernée par des princes français et qui n'était pas un pays étranger, comme elle le devint plus tard après une longue séparation. Les frères Van Eyck devaient, pendant la première moitié du XVe siècle, doter de leurs chefs-

d'œuvre les principales villes flamandes... Les nombreux élèves qu'ils avaient formés à Bruges durent se disperser, et quelques-uns vinrent probablement se fixer à Amiens. Les plus beaux tableaux de la confrérie de Notre-Dame du Puy qui nous restent, ceux de 1499, 1518, 1519, 1520, 1521 et 1525, où l'on trouve un sentiment religieux si remarquable, des détails si nombreux et si délicats, un si frappant caractère de vérité dans les portraits, ces tableaux, disons-nous, ont eu pour auteurs soit des artistes flamands, soit des disciples de ces artistes (¹). » M. Dusevel, dans l'ouvrage que nous avons déjà cité, émet à peu près la même opinion (²).

Il y a, nous le reconnaissons, et même nous le démontrerons, un fonds de vérité dans les observations des trois écrivains amiénois ; mais il ne nous paraît point possible d'adopter complètement leur conclusion. Selon nous, ils ne tiennent pas assez compte du mouvement artistique local qui s'était produit à Amiens et ils donnent une part trop large à l'action directe des maîtres flamands. Nous allons essayer d'élucider la question, en étudiant la situation de la ville d'Amiens au XVe siècle, en exposant ses relations avec l'Artois, la Flandre et le Hainaut, et en déterminant, autant que possible, les caractères que présentent les monuments, les objets d'art et les tableaux dont nous avons parlé.

Depuis le traité d'Arras, conclu en 1435, Amiens et les villes de la Somme restèrent sous la domination des ducs de Bourgogne jusqu'en 1463, et si, à cette dernière date, la capitale de la Picardie rentra pour un an ou deux dans le domaine de la Couronne, ce

---

1. *Mémoires des Antiquaires de la Picardie*. Deuxième série, t. V, année 1858, p. 399 et 400. *Mémoire posthume de M. Rigollot, revu et terminé* par A. Breuil.

2. Dusevel, *Recherches historiques sur les ouvrages exécutés dans la ville d'Amiens*, etc., p. 19.

fut pour retomber de nouveau, de 1465 à 1471, entre les mains de Philippe le Bon et de Charles le Téméraire. Depuis longtemps, d'ailleurs, cette ville était en fréquentes relations commerciales avec Arras, Douai, Saint-Omer, Lille, Tournai, Ypres, Bruges et Gand: au XIIIe et au XIVe siècle, elle faisait partie, avec ces cités et quelques autres, de la Hanse des dix-sept villes formée pour protéger et sauvegarder les négociants et leurs marchandises [1]. Nous avons rappelé, dans *l'Histoire de l'art dans la Flandre, l'Artois et le Hainaut*, qu'avant le XVe siècle les sociétés de tir et les confréries d'Amiens assistaient fréquemment aux fêtes et concours qui avaient lieu dans les Pays-Bas [2]. Il continua d'en être ainsi après 1400 : quelques notes relevées presque au hasard dans les archives communales d'Amiens nous ont révélé que les archers de cette ville, même avant la domination des ducs de Bourgogne, prirent part à des concours, en 1403 à Malines, en 1424 à Lécluse, en 1425 à Thérouanne et en 1426 à Saint-Omer [3]. Il est donc établi qu'il y avait des relations politiques et commerciales, et des rapports dans les réjouissances publiques entre Amiens et les Pays-Bas.

Un certain nombre de faits prouvent qu'il y avait aussi des relations artistiques. Aux mentions antérieures à 1401, que nous avons indiquées dans notre *Histoire de l'art*, nous en ajouterons plusieurs pour le XVe siècle. Les comptes d'Amiens signalent, dès 1396, le sculpteur Jean Colart dit de Cologne, reçu bourgeois en 1401 en qualité d'étranger et sans doute originaire des bords du Rhin [1]. En 1412 et en 1428, Jean et Antoine Lefebvre, l'un sculpteur et l'autre peintre, nés tous deux dans le Vimeu, pays picard, sont reçus bourgeois à Douai et exécutent divers ouvrages dans cette ville [2]. En 1424-1425, Robin Cauxflans et Willemet, l'un et l'autre tailleurs de grès résidant à Valenciennes, travaillent à Amiens pour la ville [3]. Dans le compte de l'année suivante, nous voyons les échevins acheter des étoffes au flamand Hennequin Menon et confier divers ouvrages à maître « André le peintre », dont le nom est plusieurs fois suivi de la mention *Dippre*, mot qui semble indiquer un lieu d'origine devenu ensuite un nom de famille [4]. Le peintre Jean Marmion qui est chargé de plusieurs travaux par la ville de 1425 à 1444, et son fils Simon, à qui des ouvrages plus importants sont confiés de 1449 à 1454, s'établissent comme peintres, à partir de 1458, dans la ville de Valenciennes, où le second exécute des œuvres artistiques de premier ordre [5]. Résidant encore à Amiens, ce dernier avait été, en février 1454, mandé à Lille, où il s'occupa, avec un grand nombre de peintres d'Arras, de Douai, de Tournai, de Bruges, d'Audenarde et de diverses autres villes, de motifs de décoration pour le célèbre banquet du Faisan [6]. Ce travail en commun d'un artiste d'Amiens avec des artistes de la Flandre, de l'Artois et du Hainaut se

---

1. *Essai sur les relations commerciales de la ville de Douai avec l'Angleterre au moyen âge*, par l'abbé C. Dehaisnes, p. 39. — Travail publié dans les *Mémoires de la Sorbonne* en 1866.

2. Dehaisnes, *Histoire de l'art dans les Flandres, l'Artois et le Hainaut avant le XVe siècle*, p. 392 et 393.

3. Archives communales d'Amiens, comptes des années 1403, 1424, 1425, 1426.

1. Archives communales d'Amiens. Comptes de la ville, années 1396-1397 et 1401-1402.

2. Archives communales de Douai. Registre aux bourgeois de 1412 à 1470, fol. 22 et 48. — Archives départementales du Nord. Fonds de la collégiale Saint-Amé ; année 1412-1413.

3. Archives communales d'Amiens. Comptes de la ville ; années 1424-1425, 1442.

4. Archives communales d'Amiens. Comptes de la ville ; année 1425-1426, etc.

5. Archives communales d'Amiens. Comptes de la ville ; années 1425-1426, 1426-1427, 1443-1444, 1448-1449, 1449-1450, 1450-1451, 1453-1454.

6. Archives départementales du Nord. Fonds de la chambre de comptes B. 2047, fol. 246 et suiv.

retrouve en 1465, au sujet de la sculpture des 86 stalles de la cathédrale de Rouen sur lesquelles sont représentés les professions, les costumes et les instruments du moyen âge : les images sont taillées par le rouennais Philippe Viart, et par les deux flamands Laurent d'Ypres et Paul Mosselman ; pour achever l'ouvrage on appelle deux autres sculpteurs flamands, Gilles Duchâtel et Hennequin d'Anvers, et ensuite des hugiers d'Amiens et de diverses autres villes, Montreuil, Hesdin, Abbeville, Arras, Lille et Tournai (¹). Comme nous l'avons dit plus haut, avant l'adoption d'un plan définitif pour les stalles d'Amiens, ceux qui avaient entrepris l'œuvre furent envoyés en diverses villes, entre autres à Rouen où ils étudièrent les remarquables sculptures qui étaient en grande partie l'œuvre d'artistes flamands. Les noms des entailleurs d'images Jacques Hac ou Haes et Jean Warin dit Ha, ainsi que celui du brodeur Jean de Rosendael, que l'on trouve fréquemment, pour l'exécution de divers travaux, dans les comptes de la ville d'Amiens au XVe siècle, semblent révéler aussi des artistes originaires de la Flandre (²).

En 1483 - 1484, les mêmes comptes présentent une mention concernant Simon Lheureux, sculpteur, que nous trouvons quelques années plus tard travaillant avec son fils Jean dans l'église d'Hénin-Liétart près de Douai, tandis qu'un Jean Lheureux est imagier de l'église Saint-Wulfran à Abbeville (³). L'exécution testamentaire

d'Adrien de Hénencourt nous montre, vers 1530, François Boddet, tailleur de marbre à Tournai, fournissant la bordure de pierre placée autour du tombeau d'Adrien.

A ces preuves de détail qui ne permettent point de mettre en doute des relations artistiques réciproques, nous en ajouterons d'autres empruntées à l'étude comparative des monuments d'Amiens avec ceux des villes de la Flandre. A l'autel de la cathédrale, était suspendue une réserve eucharistique, formée d'une colombe en or attachée par une chaîne à une crosse richement ouvragée sortant du pied d'une croix, semblable à celles qui se voyaient dans la cathédrale d'Arras et dans la collégiale Saint-Amé à Douai. Le retable en vermeil avec niches et statues, servant de fond au maître-autel, était disposé et décoré comme ceux des deux églises abbatiales d'Anchin près Douai et de Saint-Bertin à Saint-Omer ; de même que dans ces deux dernières églises, il était protégé par des volets en bois que recouvraient de riches peintures. Les six colonnes en cuivre doré, servant de supports, sur le même maître-autel, à des anges portant les instruments de la Passion, se remarquaient aussi en diverses églises des Pays-Bas, entr'autres à Saint-Omer et à Arras (¹). Les grands monuments funéraires, en bronze, en marbre et en pierre, les bas-reliefs commémoratifs et les plaques en cuivre de la cathédrale d'Amiens nous ont rappelé les mentions que nous avons trouvées dans les comptes de la cathédrale de Cambrai (²). Nous avons dit plus haut que les groupes sculptés en bois et en pierre qui sont conservés au Musée de la porte de Hal

---

1. De Laborde. *Les ducs de Bourgogne*, t. I. Préface, p. CXIX.

2. Archives communales d'Amiens. Comptes de la ville ; années 1443-1444, 1444-1445, 1446-1447, 1449-1450, 1450-1451, 1456-1457, 1480-1481, 1482-1483, 1487-1488, 1489-1490, 1495-1496, 1498-1499, 1500-1501.

3. Archives communales d'Amiens. Comptes de la ville ; année 1483-1484. — Archives d'Hénin-Liétart. Comptes de l'église 1518. — Asselin, *L'Art en Artois au moyen âge*, p. 341 de l'année 1876 des *Mémoires de l'Académie d'Arras*.

---

1. C. Dehaisnes, *Histoire de l'art dans la Flandre, l'Artois et le Hainaut avant le XV siècle*, 214, 232 ; *La vie et l'œuvre de Jean Bellegambe, 71 ; Recherches sur les volets du retable de Saint-Bertin*.

2. Archives départementales du Nord. Fonds de la cathédrale de Cambrai. Comptes de la fabrique. *Passim.*

à Bruxelles et dans diverses églises du Nord de la France, à Ramousies, à Beauvois et à la Flamangrie, offrent des rapports pour la sculpture et la peinture, avec ceux du transept et des clôtures du chœur de la cathédrale d'Amiens. Sans doute l'ornementation que nous venons de décrire n'était point absolument spéciale au nord de la France ; mais nous croyons pouvoir dire que des ressemblances aussi nombreuses et aussi marquées indiquent l'influence d'un même courant artistique.

La décoration des édifices appartenant à l'échevinage d'Amiens était exactement semblable à celle des monuments civils dans les provinces des Pays-Bas. Dans les comptes de la ville d'Amiens, nous avons trouvé, au XIVe et au XVe siècle, au sujet de l'hôtel-de-ville, du beffroi, des puits, des portes, et des tourelles, un grand nombre de mentions identiques, excepté pour les noms des artistes, à celles que nous avons rencontrées dans les comptes de Douai, de Lille, de Valenciennes, de Mons et de Tournai. De même, les tableaux de la confrérie de Notre-Dame du Puy offrent, comme nous le prouverons plus loin, de grands rapports avec ceux de Jean Bellegambe et de plusieurs autres maîtres de l'école flamande.

Voici la conclusion que nous croyons pouvoir tirer de cette étude comparative : il est établi que des relations politiques, industrielles et sociales ont eu lieu, du XIIIe siècle à la fin du XVe, entre la Flandre, l'Artois et le Hainaut d'un côté et la Picardie de l'autre, et que des relations artistiques se sont formées entre Amiens et les villes des Pays-Bas. Nous croyons avoir démontré, à l'aide d'un certain nombre de faits et de diverses considérations, la certitude de cette opinion, que MM. Dusevel, Rigollot et Breuil avaient émise en termes vagues et sans l'appuyer de preuves.

Mais nous ne pouvons partager l'avis de ces trois écrivains lorsqu'ils déclarent que les statues et les tableaux exécutés à Amiens au XVe et au commencement du XVIe siècle ont eu pour auteurs « soit des artistes flamands, soit des disciples de ces artistes ».

En étudiant l'histoire de l'art au XIVe et au XVe siècle dans les villes de la Flandre, de l'Artois et du Hainaut, nous avons vu, dans chacune de ces villes, l'art se développer sous l'influence de l'esprit de foi, des libertés communales et de la prospérité industrielle ; nous avons vu qu'il s'y était formé un centre spécial d'artistes qui suffisait aux besoins ordinaires de la cité et à ceux des églises, abbayes et couvents établis dans son enceinte ou près de ses murs. Il en a été ainsi à Douai, à Lille, à Valenciennes à Cambrai, à Mons et à Tournai, où, en dehors de quelques rares circonstances, on ne faisait guères appel à des maîtres résidant hors de la ville. Nous l'avons prouvé dans divers travaux consacrés à l'histoire de l'art ([1]). A Amiens, il y avait, comme à Arras, à Cambrai et à Tournai, une vaste et riche cathédrale qui ne cessa point d'être l'objet et l'occasion de nombreux travaux d'art vers la fin du moyen âge, et autour de cette cathédrale plusieurs églises et maisons religieuses ; il y avait des échevins qui regardaient comme un devoir et un honneur d'embellir les monuments civils, avec le goût et le soin qu'on y apportait dans les villes de la Flandre ; il y avait des bourgeois non moins commerçants et non moins amis du luxe et des arts que ceux de Douai, de Valenciennes et de Mons. Les mêmes causes produisirent les mêmes effets. Amiens devint un centre artistique, dans lequel se groupèrent des sculpteurs, des

---

1. *Histoire de l'art dans la Flandre, l'Artois et le Hainaut avant le XVe siècle. — La vie et l'œuvre de Jean Bellegambe,* chapitre premier Lille, Quarré, 1890.

peintres, des verriers, des orfèvres et des brodeurs. Ils résidaient en cette ville et ils y travaillaient, souvent de père en fils ou avec des membres de leur famille : c'est ainsi que nous voyons, au XVe siècle, deux sculpteurs du nom de Luitfort, Jean et Michel, deux autres entailleurs d'images du nom de Hac, Jean et Jacques, deux peintres appelés Marmion, Jean et Simon, le père et le fils, deux autres peintres ayant aussi le même nom de famille, Pierre et Jean Bengier, trois brodeurs du nom de Sauwalle, Nicaise, Jean et Guillaume, deux autres du nom de Latargié, Eustache et Nicolas, et trois du nom de Herselaines, David, Nicolas et Jean.

Nous avons relevé avec soin dans les comptes de la ville d'Amiens, toutes les mentions relatives aux travaux artistiques et les noms de tous les artistes qui les ont exécutés, de 1385 à 1524. Nous avons ensuite comparé la liste de ces noms aux listes analogues que nous avons dressées pour les villes des Pays-Bas d'après les documents inédits et publiés ; et nous avons constaté qu'en dehors des deux Marmion que nous retrouvons à Valenciennes, les noms diffèrent complètement. Il semble même qu'il y a peu d'artistes d'Amiens qui soient allés se former dans les écoles des grands centres artistiques du Hainaut et de la Flandre : nous n'en avons point trouvé trace, toujours à l'exception des Marmion, dans les listes des maîtres et des apprentis, tracées sur les registres des corporations de Tournai, de Bruges, de Gand et d'Anvers, où souvent l'on indique l'origine de ceux qui sont admis. De l'enquête à laquelle nous nous sommes livré à ce sujet, il résulte pour nous qu'il y avait dans la capitale de la Picardie une école locale, se suffisant à elle-même pour l'ensemble des travaux.

Ce centre artistique, cette école locale nous paraît s'être surtout développée vers le milieu du XVe siècle, à l'époque où, depuis 15 ans, les ducs de Bourgogne étaient possesseurs des villes de la Somme et où les rapports de la ville d'Amiens avec la Flandre, l'Artois et le Hainaut devaient être plus fréquents. En effet, c'est à cette époque, en 1451, que la confrérie de Notre-Dame du Puy inséra, dans son règlement, l'article en vertu duquel le maître en charge serait tenu à faire exécuter, chaque année, un tableau en l'honneur de la sainte Vierge destiné à être exposé dans la cathédrale. Ce fait suppose l'existence à Amiens d'un goût artistique développé et d'artistes doués d'un certain talent tels que Simon Marmion et Nicolas d'Amiens dont nous parlerons plus loin.

Au reste, à la fin du XVe et au commencement du XVIe siècle, nous voyons toutes les œuvres d'art, dont nous connaissons les auteurs, exécutées par des amiénois. Le splendide retable en vermeil de l'autel est ciselé en 1485 par deux orfèvres de la ville, Pierre Fauvel et Pierre de Dury. Les statues, les groupes sculptés et les peintures des tombeaux de Ferry de Beauvoir et d'Adrien de Hénencourt ont pour auteur, ainsi que les scènes en haut-relief de la vie de saint Firmin, exécutées en 1530, l'habile sculpteur Antoine Aucquier, qui résidait à Amiens et dont nous avons trouvé le nom dans plusieurs comptes de la ville. Nous en pouvons dire autant des entailleurs Antoine Avernier et Jean Trupin, ainsi que des huchiers Arnould Boulin et Alexandre Huet, à qui sont dues les stalles, et de Louis Cordon, huchier au village de Cotenchy, et Jean de Tombe, sculpteur à Amiens, dont l'un a tracé le plan et l'autre exécuté la décoration de la flèche de la cathédrale (¹).

---

1. Au sujet de ces artistes, voir la notice déjà citée sur les stalles de la cathédrale par MM. Jourdain et Duval, ou

Pour qu'il ait été possible de trouver dans Amiens des maîtres capables de concevoir le plan de ces grands travaux et de les mener à bonne fin, il fallait que le culte des arts fût très développé dans cette ville. Une mention de 1517, où il est dit que les échevins firent colorier à Paris les miniatures du manuscrit offert à la reine-mère Louise de Savoie, parce qu'il n'y avait pas à Amiens un enlumineur assez habile, pourrait faire supposer que l'art de la miniature était peu cultivé dans la capitale de la Picardie ; toutefois les grisailles du même manuscrit exécutées par le peintre amiénois Jacques Platel révèlent un talent assez remarquable et les grandes lettres, œuvre de Guy Le Flameng, enlumineur résidant à Amiens, dénotent une main expérimentée. Il en est de même des miniaturistes qui ont, comme nous l'avons rappelé, enluminé les registres appartenant à la ville dans la seconde moitié du XVe siècle. Les pages consacrées aux tableaux de la confrérie de Notre-Dame du Puy ont prouvé à nos lecteurs que l'on exécutait pour cette confrérie des peintures de première importance.

Après avoir démontré que des rapports artistiques ont existé entre Amiens et les villes de la Flandre et que vers le milieu et la fin du XVe siècle une école locale s'épanouissait dans la capitale de la Picardie, il nous reste à suivre ce mouvement, en étudiant les édifices de cette ville et à essayer de déterminer quels sont les caractères de l'école locale dont nous venons de parler.

A l'époque de la construction de l'ensemble de la cathédrale, comme le prouvent le plan, la structure, la décoration de cet édifice, et surtout les admirables statues de ses portails, c'est l'influence de la France

qui dominait à Amiens, l'influence de ce style du XIIIe siècle dans lequel on s'attachait à rendre l'expression et à spiritualiser les personnages, en négligeant à dessein les formes du corps. Ce style qui avait pour centre l'Ile de France, devait se répandre à Amiens avec d'autant plus de facilité que cette ville est voisine de Paris et dépendait directement du domaine de la Couronne.

Mais plus tard, dans la seconde moitié du XIVe siècle et au XVe, quand les relations politiques, industrielles et sociales sont fréquentes entre la Picardie et la Flandre, quand les ducs de Bourgogne dominent dans les Pays-Bas et dans le nord de la France, y compris Amiens, on trouve, dans cette dernière ville, des traces manifestes d'une influence prépondérante exercée par l'école flamande, qui, abandonnant le style spiritualiste du XIIIe siècle, tendait surtout à être vraie et à imiter la nature, et introduisait ainsi dans les manifestations de l'art un principe nouveau, moins élevé mais fécond.

En effet, dans les statues qui se voient encore sur le pilier de la tour de gauche du portail de la cathédrale d'Amiens et sur les piliers qui séparent entr'elles les fenêtres des deux nefs latérales à l'extérieur (¹), se remarque, comme nous l'avons dit plus haut, une recherche de la vérité, qui trahit l'influence de l'art flamand. On y trouve sans doute dans la pose et les vêtements une certaine élégance rappelant le voisinage de Paris, mais c'est l'école naturaliste du nord qui inspire l'ensemble. Si l'on joint, à cette double tendance, la reproduction assez fréquente du type picard, tête large, pommettes des joues saillantes, expression franche et tout en dehors, on aura l'idée de ce qui caractérise l'école locale d'Amiens.

---

mieux le travail beaucoup plus complet qu'ils ont publié dans le tome VII des *Mémoires des Antiquaires de la Picardie*, année 1844.

1. Les chapelles ouvertes sous les bas-côtés de la cathédrale n'ont jamais formé une seconde nef latérale.

Nous avons fait des remarques analogues concernant les deux tombeaux de 1325 et de 1335, qui se trouvent au chevet de l'église, la statue de Jean de La Grange sculptée vers 1402, et la plaque en cuivre d'un évêque du milieu du XVe siècle, Jean Avantage, qui rappellent ce qu'on trouve dans beaucoup d'églises de Flandre. Le monument élevé en 1504 au chanoine Pierre de Burry est encore plus franchement naturaliste: tout y est vrai sans la moindre recherche de l'élégance. Dans les huit groupes sculptés du transept, avec une tendance tout à la fois réaliste et quelque peu maniérée, nous remarquons des types et des costumes locaux, qui impriment à ces œuvres un caractère d'originalité. Ce dernier caractère s'accentue davantage encore dans les scènes en haut-relief représentant la vie de saint Firmin, et surtout dans les tombeaux de Ferry de Beauvoir et d'Adrien de Hénencourt, œuvres du commencement du XVIe siècle qui révèlent une véritable élévation unie au réalisme de la forme. Il n'en est plus de même dans les groupes de la vie de saint Jean-Baptiste sculptés en 1531, où commence à se faire sentir l'influence du style imité de l'antiquité. Les sculptures de la flèche et surtout celles des stalles prouvent, comme les scènes de la vie de saint Firmin, en faveur de l'existence à Amiens d'un centre artistique local qui était parvenu à se former un caractère distinct dans la grande école flamande. Les sculpteurs en bois et en pierre de la Picardie, tout en s'inspirant des traditions de cette dernière école, tendaient à reproduire ce qu'ils voyaient autour d'eux dans leur province.

Ce sont surtout les peintres et plusieurs tableaux, encore aujourd'hui conservés, qui peuvent permettre d'étudier le centre artistique local d'Amiens et de déterminer son caractère.

Le premier peintre amiénois qui occupe une place dans l'histoire de l'art et dont il est possible jusqu'à un certain point d'apprécier le talent et les œuvres, est Simon Marmion. Son père, Jean Marmion, a exécuté des ouvrages de peinture à Amiens, pour les échevins, de 1425 à 1444 ; lui-même il y fait divers travaux analogues, de 1449 à 1454, et en outre un Crucifiement qui était certainement une production artistique ; il est, durant sa résidence en cette ville, appelé à Lille, pour y peindre avec un grand nombre d'artistes des Pays-Bas ; et en 1458 nous le trouvons, avec son père, habitant Valenciennes, où il avait été probablement mandé afin d'exécuter pour Guillaume Fillastre, abbé de Saint-Bertin, un tableau qui est rangé parmi les plus belles œuvres de l'école flamande. Et dès lors des travaux importants lui sont confiés par les ducs de Bourgogne, la cathédrale de Cambrai et divers grands personnages. Ce peintre, amiénois d'origine et de formation, rappelle jusqu'à un certain point Van Eyck par sa couleur et Memlinc par sa finesse ; les types de ses personnages, remarquables par une vérité qui accuse l'école flamande, se distinguent par une élégance qui dénote l'influence d'un milieu français [1]. C'est bien un maître, offrant le caractère que nous avons reconnu dans l'école locale d'Amiens.

Nous croyons pouvoir rattacher aussi à la capitale de la Picardie un autre peintre célèbre de la seconde moitié du XVe siècle, Nicolas d'Amiens. Ce Nicolas ou Colin d'Amiens, qu'il ne faut pas confondre, comme l'ont fait certains écrivains avec Nicolas Froment, le célèbre auteur du *Buisson ardent* conservé dans la cathédrale d'Aix et d'un triptyque qui se trouve au

---

1. Nous ferons paraître prochainement un travail très étendu sur Simon Marmion.

musée de Florence (¹), est connu, dans l'histoire de l'art, par plusieurs travaux et diverses mentions. En 1464, il exécuta des peintures décoratives sur bannières pour le roi de France, à Paris où il résidait (²). En 1482, il fut chargé de faire un dessin représentant le roi Louis XI, en habit de chasse pour le tombeau élevé à ce roi dans l'église de Cléry en Orléanais; la statue accuse l'influence réaliste de l'école flamande (³). Jean Lemaire de Bavai, dans son poème de la *Couronne margaritique*, qui a fourni tant de précieux renseignements pour l'histoire de l'art, dit en énumérant les villes, d'où il fait venir plusieurs peintres pour admirer le portrait de Marguerite d'Autriche :

D'Amyens, Nicole ayant bruit argentin (⁴).

Et un autre poète du commencement du XVIe siècle, Jean Pèlerin, dit le Viateur, place « Colin d'Amiens » parmi les maîtres les plus illustres de la France, de l'Allemagne et de l'Italie. L'école locale d'Amiens se rattache au nord de la France et à Paris

par Simon Marmion et Nicolas d'Amiens, et peut-être aussi, par un autre Nicolas d'Amiens qui semble être le fils de ce dernier, à ces peintres du nord qui portèrent les procédés et le faire de l'école flamande dans l'est et le midi de la France (¹).

Quelques peintures encore aujourd'hui conservées à Amiens peuvent servir à déterminer avec une certaine précision les caractères de l'art dans cette ville et être employées comme termes de comparaison. Nous avons décrit plus haut celles représentant les Sibylles, qui ont été récemment découvertes sur les murs de la chapelle par laquelle on entre à la sacristie de la cathédrale, et celles qui décorent la niche funéraire où se voit la statue de l'évêque Ferry de Beauvoir.

Bien qu'elles aient beaucoup souffert et que ces dernières aient été l'objet d'une restauration, on peut constater que, dans leur ensemble, elles rappellent les œuvres

---

1. Un critique d'art belge, M. Edgar Baes, dans un travail publié par le *Bulletin des commissions royales d'art et d'archéologie*, sous le titre *Les successeurs immédiats des Van Eyck* (année 1866, p. 61), en parlant de Nicolas Froment, l'auteur du *Buisson ardent*, dit qu'il est d'Amiens et le confond avec Nicolas d'Amiens, mais sans aucune preuve à l'appui de son opinion. Ce que l'on connait de plus précis au sujet de l'origine de Nicolas Froment est un texte publié par M. l'abbé Requin dans le remarquable travail qui a pour titre *Documents inédits sur les peintres, verriers et enlumineurs d'Avignon au XVe siècle :* « MCCCCLXXII et die quarto mensis aprilis, Nicolaus Fromenti, pictor civitatis Ucecie, habitator Avenionis. » La ville d'Uzès, d'après ce texte, est en droit de réclamer Nicolas Froment très probablement comme un de ses enfants, et très certainement comme son peintre. Nous ajouterons toutefois que le *Buisson ardent* et les peintures de Florence, qui sont de Nicolas Froment, révèlent un peintre qui avait subi l'influence de l'école du nord.

2. Quittance du 14 mai 1464 publiée d'après un compte des archives nationales de Paris par M. J. J. Guiffrey dans les *Nouvelles archives de l'Art français*, année 1878, p. 192.

3. Laborde (le comte Léon de). *La Renaissance des arts à la cour de France*, Paris 1850 ; t. I, pp. 60 et 61, note.

4. Ce poème et le suivant ont été plusieurs fois publiés.

---

1. On peut se demander si, dans le nom de l'artiste, le mot *d'Amiens* indique un nom de famille ou un nom de lieu d'origine. Voici les raisons qui prouvent que ce nom, indiquant d'abord un lieu d'origine, devint plus tard un nom de famille. Les actes des notaires d'Avignon, d'après des renseignements précis que nous a fournis l'habile et savant explorateur de ces actes, M. l'abbé Requin, offrent de 1501 à 1519, diverses mentions pour travaux d'art et affaires concernant un Nicolas d'Amiens, peintre résidant à Avignon qui est plusieurs fois désigné, entr' autres dans une procuration du 30 août 1509. (Minute de Cl. Durand, en l'étude Regnaud, notaire à Avignon) sous le nom de *magister Nicolaus Dippre alias d'Amyens, pictor, oriundus civitatis Parisiensis*. Les mêmes documents établissent qu'il était fils d'un Nicolas, qui résidait à Paris, rue Quincampoix et avait un autre fils du nom de Louis, peintre aussi. Or, il y avait à Amiens en 1425-1426 et en 1442, comme le prouvent les comptes de cette ville, un peintre du nom d'André Dippre, qui y résidait. N'est-il pas probable que le peintre d'Avignon, désigné sous le nom de Nicolas Dippre alias Damiens, né à Paris, devait descendre d'André Dippre, peintre résidant à Amiens, et que son père Nicolas d'Amiens, résidant à Paris, était lui-même fils ou parent du peintre André Dippre dont nous venons de parler? Il serait étonnant qu'il y eût même nom de famille, même nom de lieu d'origine et même profession, sans qu'il y eût parenté. Notre opinion est d'autant plus probable que le texte de la Couronne margaritique fait venir d'Amiens le peintre Nicolas d'Amiens, qui habitait Paris.

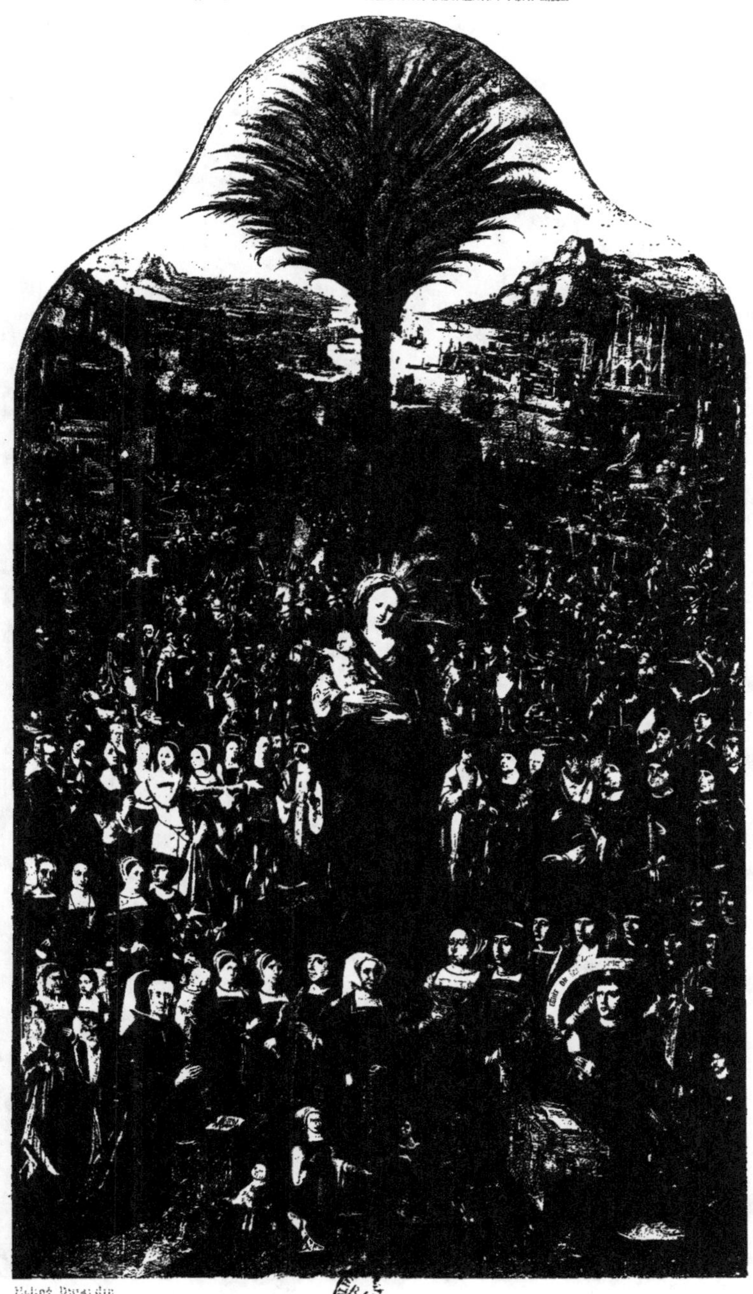

TABLEAU EXÉCUTÉ EN 1520
Pour la Confrérie de Notre-Dame du Puy - Amiens

que l'on trouve à Bruges et sur les bords du Rhin ; il est permis de croire que leurs auteurs ont connu des maîtres de l'école flamande.

Les tableaux de la confrérie Notre-Dame du Puy donnent lieu à une étude et à une comparaison plus complètes. Ceux de 1518, 1519 et 1520 qui sont conservés, comme nous l'avons déjà dit, au palais épiscopal d'Amiens, et beaucoup d'autres que l'on ne peut apprécier que d'après le manuscrit de la confrérie appartenant à la Bibliothèque Nationale et d'après les descriptions qui nous en restent, présentent tout à la fois de nombreux rapports et quelques différences avec les œuvres d'artistes flamands et surtout avec celles d'un peintre de la Flandre wallonne, qui florissait vers 1520, Jean Bellegambe, de Douai.

Plusieurs traits d'ensemble et de détail qui caractérisent ce peintre, se retrouvent dans les tableaux exécutés pour la confrérie de Notre-Dame du Puy. Ceux des années 1477, 1488, 1490, 1493, 1499, 1501 et plusieurs autres montrent, dans leur composition, d'un côté le Pape avec des cardinaux et des évêques, et de l'autre le Roi ou l'Empereur avec les grands officiers de la couronne, et plus bas le maître en charge qui a commandé le tableau, agenouillé devant un prie-Dieu et entouré d'un grand nombre de personnages : les mêmes groupes se retrouvent dans le retable d'Anchin, le Bain mystique et l'Immaculée Conception du peintre de Douai. Celui-ci a représenté, dans plusieurs de ses œuvres les plus importantes, les personnes de la Sainte-Trinité, assises sur un trône brillant d'or et de pierreries et environnées d'anges : ces trois personnes ou au moins le Père et le Saint-Esprit, lorsque le Fils est entre les bras de la sainte Vierge, figurent, dans les mêmes conditions, à la partie supérieure de presque tous les tableaux de la confrérie. Des constructions, en partie style gothique et en partie style roman ou renaissance, avec des échappées sur de lointaines perspectives, forment le fond de l'ensemble ou d'une notable partie de la composition, dans les panneaux des années 1485, 1486, 1488 et de quelques autres années, comme dans presque toutes les œuvres de Jean Bellegambe. Les textes et inscriptions en caractères gothiques dont l'auteur du retable d'Anchin s'est servi dans la plupart de ses tableaux pour expliquer le sujet, se retrouvent, dans chaque panneau de la confrérie sur le phylactère que porte le maître en charge, et dans l'ensemble de quelques-uns de ces panneaux, par exemple celui de 1471, où ils font comprendre ce qui y est représenté. Même ressemblance en divers détails : dans le tableau fait pour l'année 1461 et dans quelques autres, il y a des tribunes remplies de personnages qui prennent part à l'action comme on en trouve dans l'Immaculée Conception et le Bain mystique de Bellegambe ; nous en pouvons dire autant des ailes multicolores à plumes de paon qui se remarquent dans les panneaux des années 1458 et 1459, et des paysages avec rochers, cours d'eau et moulins de celui de 1466 et de plusieurs autres années.

Voilà les ressemblances ; voici quelques différences. En ce qui concerne la composition, dans les tableaux de la confrérie, la Vierge, qui forme le sujet principal, se détache nettement, presque isolée, au milieu du panneau, et les groupes de personnages qui l'honorent sont rapprochés les uns des autres : c'est presque le contraire dans l'ensemble des œuvres de Jean Bellegambe. Il y a plus de mouvement et de vie dans les sujets et dans les personnages des peintures d'Amiens que dans la plupart de celles de Douai, le Bain mystique excepté. Le type de la Vierge de la confrérie de

EXTRAIT DE LA REVUE DE L'ART CHRÉTIEN
1890. — 4ᵐᵉ LIVRAISON.

Notre-Dame est d'une beauté plus éclatante et plus humaine, que celui adopté par l'auteur du retable d'Anchin ; l'ovale de la figure est moins allongé. Les têtes des personnages sont plus accentuées et plus fines d'expression ; plusieurs offrent le type picard et sont évidemment des portraits. L'exécution révèle tout à la fois plus de vigueur et plus de délicatesse ; les carnations présentent, au lieu de la nuance un peu rougeâtre du maître douaisien, des teintes claires relevées par des ombres et des tons gris ; les têtes des diverses représentations de la Vierge, surtout celle du tableau où se trouve un palmier, brillent d'un coloris tout à la fois doux et puissant, qui attire le regard. A notre avis, les tableaux de l'évêché d'Amiens ne sont point de Jean Bellegambe ; leur auteur était supérieur au maître douaisien pour l'expression, la finesse et le coloris. Mais nous croyons que les deux peintres procèdent de la même école locale ; Jean Bellegambe a peut-être étudié à Amiens ou sous un maître formé dans cette ville (¹).

Les peintures de la confrérie de Notre-Dame du Puy, comme celles des abbayes d'Anchin et de Marchiennes, offrent des rapports marqués avec celles des maîtres de Bruges, de Gand, de Bruxelles et d'Anvers : par l'ensemble, par la composition, par la vérité avec laquelle sont représentés les personnages, elles révèlent que leurs auteurs appartiennent à l'école flamande. Toutefois, il y a dans l'élégance d'un certain nombre de figures, dans le mouvement, la vivacité et l'esprit qui animent les scènes, dans la teinte plus claire des carnations, certaines nuances qui accusent l'influence d'un milieu français. D'ailleurs, plusieurs des sujets représentés, le sacre de Louis XII, les portraits de François I, de Louise

de Savoie et de Triboulet, les allusions à divers événements heureux pour la France, indiquent la nationalité des auteurs de ces tableaux.

Par conséquent, pour les tableaux de la confrérie de Notre-Dame du Puy comme pour les autres objets d'art de la ville d'Amiens, nous arrivons à conclure que l'inspiration générale et la principale influence viennent de l'école flamande, sans méconnaître l'action du centre artistique local, du milieu français et du voisinage de Paris.

Si l'on nous demande maintenant à quels auteurs il faut attribuer les peintures si remarquables de la confrérie de Notre-Dame du Puy, nous nous voyons forcé de répondre que dans aucun musée, dans aucune collection, nous n'avons rencontré, en dehors de ceux dont nous avons parlé, aucun tableau, aucun panneau qui révèle la même main et que les documents sont muets sur les noms de ceux qui les ont exécutées. Le fonds d'archives, d'ailleurs assez peu riche, de la confrérie, ne présente rien à ce sujet. La destruction des comptes du fonds de la cathédrale nous prive des noms des peintres les plus remarquables qui ont travaillé à Amiens au XVᵉ et au XVIᵉ siècle (¹). Seules, les archives des familles dont certains membres ont fait peindre ces tableaux, en qualité de maîtres en charge, ou les notes de quelques annalistes amiénois du XVᵉ et du XVIᵉ siècle pourraient fournir des indications. Nos recherches à ce sujet ont été sans résultats. Il est bien à craindre que l'on n'arrive jamais à retrouver les noms des vieux maîtres qui ont exécuté ces tableaux. Mais leurs œuvres sont là, comme celles de Jean Bellegambe et comme celles qui

---

1. Dehaisnes, *La vie et l'œuvre de Jean Bellegambe ;* Lille, L. Quarré, 1890, p. 192-194.

1. En parlant au début de cette étude, de la disparition du fonds d'archives de la cathédrale, c'est sur les comptes que se portait notre attention. Les autres séries de ce fonds sont conservées aux archives départementales de la Somme.

peuvent être, avec une grande probabilité, attribuées à Simon Marmion pour démontrer, par l'existence de centres artistiques locaux, la vitalité et l'expansion de l'école flamande au XIVe et au XVe siècle.

La ville d'Amiens fut, à la suite de Douai et Arras, l'un des postes avancés du mouvement produit par cette école. Ce mouvement avait d'ailleurs gagné en France de proche en proche. Dès le XIVe siècle, comme nous l'avons rappelé dans notre *Histoire de l'art*, un certain nombre de célèbres sculpteurs flamands étaient allés s'établir à Paris, où d'importants travaux étaient exécutés pour les rois de la branche des Valois, pour les princes de leur maison et leurs grands officiers (¹). D'autres avaient été mandés, pour des tombeaux à personnages, des stalles, des tapisseries, des miniatures et des peintures, à Rouen, à Angers, à Orléans et à Bourges (²). La Bourgogne, qui avait donné ses ducs à la Flandre, en avait reçu des sculpteurs et des peintres qui y firent école ; et les artistes de ce duché, formés d'après ces maîtres flamands, firent ressentir les effets du mouvement, improprement appelé école bourguignonne, dans la région d'Avignon, d'Aix et de Marseille (³). L'Italie

elle-même avait été, au XVe siècle, pénétrée, de Venise à Naples, par l'influence de l'école naturaliste de la Flandre (¹), et la péninsule hispanique n'y avait pas échappé (²).

Nous avons cru devoir à la fin de cette étude sur l'art à Amiens, faire ressortir l'action exercée sur une grande partie de l'Europe, par Jean Pépin, Jean de Bruges, Jean de Marville, Jean de Liége, André Beauneveu, Nicolas Sluter, Nicolas Van der Werve, les frères Limbourg, les Van Eyck, Roger Van der Weyden, Hugues Van der Goes, Thierry Bouts, Simon Marmion, Memlinc, Jean Bellegambe, Quentin Metsys et tant d'autres artistes des Pays-Bas. C'est l'une des pages les plus importantes de l'histoire artistique de la Flandre et du nord de la France.

---

1. Dehaisnes, *Histoire de l'art dans la Flandre, l'Artois et le Hainaut avant le XVe siècle*, pp. 240-246, 530.

2. Id., *ibid.*, pp. 530, 534, 579, 582.

3. Dehaisnes, *Histoire de l'art dans la Flandre, l'Artois et le Hainaut avant le XVe siècle*, p. 495 à 525. — Requin

(l'abbé), *Documents inédits sur les peintres, peintres-verriers et enlumineurs d'Avignon au XVe siècle*. En étudiant ce consciencieux et important travail, nous avons remarqué que ce sont les provinces rhénanes, le nord, la France septentrionale et centrale et surtout les provinces de l'Est, duché et comté de Bourgogne, qui, durant tout le XVe siècle, fournissent des artistes à la ville d'Avignon. Il y en a moins qui sont originaires du Midi ; quant à l'Italie, elle ne fournit que trois peintres, l'un d'Ivrée et les deux autres de Nice, de 1487 à 1492, et l'Espagne un seul en 1492.

1. Courajod (L.), *La part de la France du Nord dans l'œuvre de la Renaissance*, articles publiés dans la *Gazette des Beaux-Arts*, oct. et déc. 1889 et janvier 1890 offrant le résumé d'un cours professé sur cette question à l'*École du Louvre*, par M. Courajod qui a établi *ex-professo* que la véritable renaissance procède de l'école de la Flandre et du nord.

2. Laborde (Léon de), *Les ducs de Bourgogne*, t. I, p. CXXII et CXXXII.

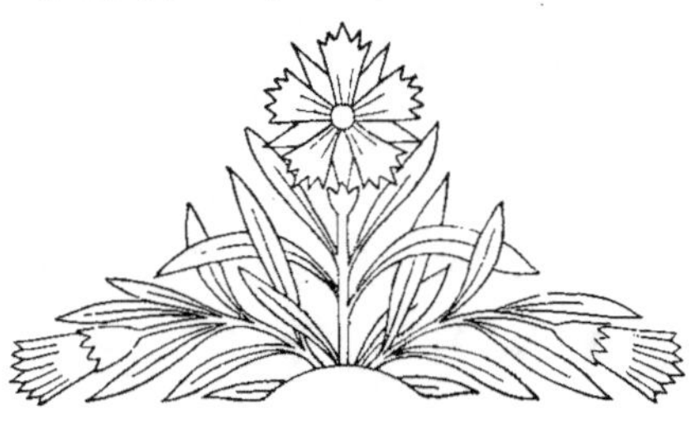

Documents concernant l'art à Amiens vers la fin du moyen âge.

Compte de la ville d'Amiens pour l'année 1383 ([1]). — A Thomas de Courcelles, maistre des ouvrages ; à maistre Pierre Largent, naguères maistre machon de le ville (2). — Compte n° 2.

Compte de l'année 1389. — A maistre Pierre Sifflet, paintre, pour paindre le piere saint Fremin pour la procession de l'Assension, X s. — A Adam le paintre, pour enluminer de lettres d'or le nouvel cartulaire de le ville, de nouvel fait pour mettre et escripre les chartres et aultres previleges de le ville, XI s. — A Évrarde, ouvrière de broudure, pour une boursse de soye ouvrée de broudure, en lequelle messire le mayeur porte a son chaint les sceaux de le ville en cest an, XL s. — A Gille Dillande, orfevre, pour justifier les pois de le ville, IX s. — A maistre Hue Poullette, machon, fu marchandé de faire une tour assez près de le porte Montrescu ou lès devers le porte Gaiant, XXXVIII l. XV s. — A maistre Jehan De le Chappelle, tailleur de ymages, ou quel, par sire Pierre Darras ad présent maieur d'Amiens et le maistre des ouvrages de le dicte ville, fu marchandé de tailler deux ymages faictes cest an lès le porte de Montrescu avec II tableaux de noir marbre, (en) lesquels par ledit maistre Jehan ont esté gravés et escripts les noms de ceux par qui ils avoient esté mis, XLVIII s. — Reparacion du comble des halles de Flandre. — A Adam de France, paintre, avec lequel, par sire Pierre Darras adprésent maieur, fu marcandé de faire et paindre au plat sur le pan de le machonnerie, au deseure de le porte de le Maison de le ville aus cloquiers, un escu des armes de le dicte ville, dont les fleurs de lis sont de fin or, et un angle lequel soustient par une corroie ledit escu, tout ce enclos en un tortin d'oignon de lis assis sur un vermeil camp a le lite de brun estinchellé de fin or, et a IIII cornés les IIII evangelites, pour ce LXIIII s. — A Pierre Dequannes, paintre, pour avoir paint de blanc, de crois et de rondelles rouges, au dehors et tout au long de le Maison aux clocquiers, mouvans de le porte de ledicte maison jusques à une ruelle pour empeschier (?) a mettre les fiens et ordures que on mettoit encontre la dicte maison. — Compte n° 5.

Compte de l'année 1839-1390. — Nouveau bourgeois : Miquiel Flameng, orfèvre. — A Evrarde, ouvrière de broudure, pour le boursse ([1]), XL s. — A maistre Hue Poulette, machon, ou quel eust esté accordé de rediffier et fonder de nouvel le porte de Montrescu. — A maistre Piere Largent, machon de l'église Nostre Dame d'Amiens, et maistre Jehan Marchant, machon au chastel de Boves, lesquels, avec pluiseurs aultres, délibérèrent sur les fondemens de ledicte porte. — Compte n° 6.

Compte de l'année 1390-1391. — A Fremin Conin, orfèvre, pour un gobelet d'argent doré donné à madame le bailluesse d'Amiens, femme de Gobert de la Bove (?), quant il se parti du bailliage, XVIII l. XII s. — A Jehan Morel, orfèvre, pour VI gobelés d'argent dorés par les bors, XVIII l. — A Jehan Hanon, orfèvre, pour I gobellet d'argent XIIII l. XV s. — A Fremin Conin, orfèvre, pour I autre gobellet d'argent, XIII l. XV s. VI d. — A Nicaise Sauwale, ouvrier de broudure, le XXIe fevrier, pour le fachon de le bourse le mayeur, XVI s. — A Jehan Grenée le josne, pour avoir taillé a le porte Montrescu l'escu et le couronne tout de pierre pour les armes du Roy, XXII s. ; it XXII s. — A Coppin le verrier, pour avoir fait X penias de voirre noef a le Malmaison et en iceux avoir fait les armes du Roy et de le ville et pluiseurs autres, et en iceux avoir fait pluiseurs ymages en le cambre que on dist l'eschevinage a le Malemaison, IIII l. — A Pierre de Quannes, paintre, pour avoir relavé, blanqui et quarrelé le grant sale de le Malemaison, XII s. — A Estevenet de Saveuses, pour avoir fait l'espy du pillory, IIII l. — A Mahieu Lhermite, pour avoir fait une banierette de letton assise sur ledit espy, XII s. — A maistre Adam le paintre, pour avoir paint et doré ladite baniere, XII s. — Compte n° 7.

Compte de l'année 1396-1397. — A Nicaise Sauwale, ouvrier de broudure, pour le boursse le mayeur, XL s. — A maistre Pierre Desquesnes, paintre, pour avoir paint le pierre de l'église

---

1. Les extraits de comptes qui suivent sont inédits. Nous les avons relevés et transcris nous-même dans les 100 premiers registres de la riche série des comptes de la ville d'Amiens.

2. Pierre Largent était maitre maçon, architecte de la ville et de la cathédrale. Mais il n'est pas certain qu'il ait construit, comme nous l'avons dit au commencement de notre travail d'après M. Dusevel, la partie supérieure des deux tours et les deux dernières des chapelles qui s'ouvrent sur les bas-côtés de la cathédrale.

---

1. Cette dépense se renouvelle chaque année ; elle concerne, comme on l'a vu dans le compte précédent, les broderies de la bourse en velours que le mayeur de la ville portait à sa ceinture et dans laquelle étaient conservés les sceaux de la ville.

Saint-Fremin a le porte, la ou repose le corps
N. S. et le fiertre saint Fremin a le procession du
Sacrement, XVI s. — A Coppin le paintre, pour
rappareillier les banieres de le ville portées as
processions XVI s. — A Gille Dollande, orfèvre,
pour avoir gravé un petit signet pour le ville, II s.
— A Jaque de Baisu et a Jehan Grenée, a qui fu
marcandé de repparer le porte de Gaiant; et on
erigeroit (?) en l'espace qui seroit le plus grande
les armes et le couronne du Roy nostre sire,
aveuc les armes d'Amiens... et III fenestres, une
par dedens en le quelle un ymage de saint
Sauveur est, et au lez deviers les camps une fenestre ou il a une ymage a Nostre-Dame. — A
maistre Jehan de Coullongue, tailleur de ymages,
a qui fu marcandé de tailler III ymages, est
assavoir un ymage de Dieu et II ymages de
Nostre Dame, lesquelx sont les deux a le porte
Gayant l'un par dedens le ville et l'autre par
dehors, et l'autre a le porte de Montrescu, pour
la somme de LXXII s. chescun ymage. — A
Coppin le paintre, a qui fut marcandé de paindre
les III escus du Roy nostre sire et les III couronnes avec les escus de le ville de fin or et
d'azur, qui sont fais à le porte de Montrescu,
de Gaiant et de Saint-Denis, et parmi le marquié
il a livré et peints I ymage de saint Pierre à
le porte Saint-Pierre, XII fr. valent IX l. par.
— A lui, pour avoir paint III ymages, I de
Dieu et II de Nostre-Dame, desquels ymages
sont l'une a le porte de Montrescu et les II
autres a le parte de Gaiant, VI fr. valent IIII l.
XVI s.   Compte n° 8.

Compte de l'année 1398-1399. — A Hanottin de
Hollande, orfèvre. — A maistre Pierre Des
Quesnes, paintre, pour avoir fait par figure le
situation de le maison et quarrière de maistre
Raoul de Bery (?), advocat, XV s. — A luy, pour
avoir paint le piere saint Fremin.
                                Compte n° 9.

Compte de l'année 1400-1401. — A maistre
Pierre Desquesnes, pour le piere Saint-Fremin,
X s. — A Nicaise Sauwalle, pour le boursse,
XL s. — A Coppin le paintre, pour son sallaire
d'avoir fait les banières de la ville et les coulleurs,
XLVIII s. — A Coppin le verrier, a qui fu mar-
candé de refaire et ressauder et relaver toutes les
verrières de le Maison as cloquiers...
                                Compte n° 10.

Compte de l'année 1401-1402. — Reçu nouveau
bourgeois, « Jehan Colart dit de Coulongne, fai-
seur d'ymages, V s. — A Adam le paintre et
maistre Pierre Sifflet, pour avoir paint et renouvellé de painture le piere monsieur saint Fremin,
X s.   Compte n° 11.

Compte de l'année 1403-1404. — A Jehan de
Holleville, orfèvre, pour avoir refait le kainne
d'argent à lequele pent le seel ad cause de le ville
d'Amiens, II s. — A maistre Pierre Desquesnes,
pour le piere saint Fremin et avoir repainturé le
queminée de l'ocurieul des Cloquiers, X s. — Aux
conpaignons arbalestriers de le ville d'Amiens
pour aler en le ville de Malines en Braibant,
jouer a un jeu de l'arbalestre, avec leurs genz,
quevaulx et abillemens, XVIII l. — A Nicaise
Sauwalle, pour le boursse de broudure, XL s. —
A Adam de Franche, paintre demourant a
Amiens, pour avoir tendu de toille et paint III
cassieus inprimez de terbenthine et de coulleurs
mis et assis au devant......, au dessus des fenestres de le grant salle la où on plaide a le
Malemaison, XXXII s. par.   Compte n° 12.

Compte de l'année 1405-1406. — A Pierre de
Quannes, paintre, pour avoir paint certains ymages
contre le mur des Clocquiers, au lez vers Saint-
Martin, afin que aucun n'y meist plus fiens ne
ordure...— A maistre Hue Poulette, pour avoir
fait et taillié une ymage de saint Nicolay de III
piés de longueur, lequel est mis en une fenestre
hault a le tour saint Nicolay, ou cay ou lez vers
le Somme, XXXII s. — A Adam de France,
paintre, pour ce qu'il a paint a une baniere
de wirewitte (girouette) les armes de le ville
d'Amiens, le quelle siet sur une tour située de lez
le porte de Longuemaisiere, par devers les halles...
— A Thomas Foucart, verrier, pour ce que il a
viseté les verrières a le salle haut a le Maison des
cloquiers...—A Simon de Cateigni, huchier, pour
XII grans pavois de bos, les quels furent menés
a Saint Omer pour devers mon seigneur de Bour-
gouigne, LXXII s.— A Raoul de Cloyes, huchier,
pour mesme cause, LXXII s. — A Adam de
France, pour ce que il a paint les XXIIII des-
susdis pavois des armes de la ville, VII. VIII s.
                                Compte n° 13.

Compte de l'année 1409-1410. — A Adam de
France, pour le piere saint Fremin et le contre-
cœur de le queminée de l'ocurieul des Clocquiers,
X s. — (Travaux importants exécutés au beffroi).
— A Daniel le verrier, pour avoir livré pour
l'eschauge (?) au beffroy VI piés de voirre blanc
bordé de couleurs et armoié des armes du Roy et
de le ville, dont il eust pour cascun III s., XVIII s.
— A luy, pour mesmes voirres à le Malemaison
XVIII s. — A Jehan Le Jour pour se paine et
labour de avoir fait et taillié en temps d'iver a le
candoille I tabernacle (¹), le quel il a assis scur
l'imaige de Notre-Dame ou quing du beffroy,

---

1. La niche qui orne aujourd'hui le coin du beffroi est un travail
relativement moderne, qui a remplacé celle qu'avait exécutée Jean
Lejour.

VI l. VI s. — Audit Jehan, pour avoir taillié II tas. de corbiax a feulles, qui servent dedens l'eschauge dudit beffroy pour toursser partie de le voie a vis, par le quelle on monte en le cambre de le question, XL. s. — A lui, pour avoir taillé de se main LIX piés et deux d'encorbellemens qui servent desoubz les entablemens au hault audit beffroy, LIX s. VI d. — A lui, pour avoir taillié II gargoules de II bestes servans pour getter les caues dudit beffroy, LVI s.

Compte n° 14.

Compte de l'année 1413-1414. — A Colart Vaassal, orfevre, pour un gobbellet d'argent doré a couvercle, le quel fu donné a madame femme de monsieur de Brimen, capitaine d'icelle viile d'Amiens... — A Adam de Franche, pour le pierre de saint Fremin, X s. — A Coppin le paintre, pour deux banières de toille bleue par lui faittes et livrées a ledicte ville, armoiés des armes du Roy nostre sire, XII s. — Item, pour deux banieres de sarge bleue, contenans deux aunes de long, a armoyés des armes de le ville, XL s. Pour XXII XII^nes de panonchiaus pour le quarton qui mena vivres en l'ost du roy nostre sire devant Aras... Pour I penon de toille, armoié des armes de le ville, pour un estendard, un autre penon et IX l. IX s. IIII d.

Compte n° 15.

Compte de l'année 1415-1416. — A Olivier Le Vaasseur, orfevre, pour un signet pour le ville. — A Jehan Bellecose, escripvent, pour avoir livré deux registres des causes, V s. IIII d. — A Mahieu Cornu, paintre, pour le pierre Saint-Fremin et le contrecoeur de le queminée de l'œuriel des Clocquiers, X s. — A Ricart Girout, escripvent, pour avoir escript en parquemin de lettre de fourme un coier d'un registre qui est aus Clocquiers, XII s. — A Adam le paintre, pour sa paine et labeur d'avoir fait et paint LX personnages de sains et de saintes es tourelles des tours de le forteresse et pour avoir (fourni) les couleurs, XLVIIII s. — A Jehan Bourguegnon, tailleur de ymages, par son vin d'avoir fait et monstré l'exemple d'un engien, XVI s. — A maistre Huc Poullette, pour avoir escript plusieurs patrons et giés des ouvrages de le ville, XXIIII l.

Compte n° 16.

Compte de l'année 1418-1419. — A Colart Vassal, orfevre, pour ung gobelet a couvercle d'argent, le quel a esté donné a demoiselle Jehanne de Fontaine, fille de maistre Tristan de Fontaine, advocat, a son mariage, XVI l. — A Jehan Sauwalle, paintre, pour le pierre saint Fremin, X s. — A Anne, femme Nicaise Sauwalle, ouvriere de broudure, pour le boursse, XLVIII s. — A Coppin le paintre, pour avoir escript les noms et seurnoms des connestables ordonnez en lieux du quartier de le forteresche, IIII s. — A Bauduin Laissequoy, tailleur d'ymages, pour avoir fait ung quief, une main et ung livre au corps de une ymage de saint Pierre, qui autreffoiz avoit esté et est a le porte de Beauvais et icelluy reparré, XII s.

Compte n° 17.

Compte de l'année 1421-1422. — A Tassart Latargie, brodeur, pour le boursse, III l. — A Jehan Vaassel, orfèvre, pour avoir tailié et esmaillié les armes de le ville sur XXVIII canes d'estain ordonnées a faire les présens de vin, XXIIII s. — A Jehan Sauwalle, paintre, pour le pierre saint Fremin, X, s. — A lui, pour avoir paint de pluiseurs coulleurs le mur de pierre faisant closture a le Maison des clocquiers affin que aucunes ordures ne feussent mises ne getées, VIII s. — A Adam de Franche, paintre, pour avoir colé, couvert de toile et paint des armes de le ville XVI pavois derrainement fais en halle, pour le deffense de le ville, LXIIII. s.

Compte n° 19.

Compte de l'année 1424-1425. — A Pierre Le Cat, maistre des arbalestriers, pour I tasse d'argent et I esmail donné aus dis arbalestriers en recompensacion d'un pareil vassel donné a l'ambassadeur des arbalestriers de Lescluse en Flandre, le quel estoit venu denonchier I noble jeu et pris de l'arbalestre, ouquel jeu sont allé pluiseurs arbalestriers de le ville d'Amiens, pour le bien et l'honneur d'icelle ville VIII l. III s. — A Margherite de Lesclatrie, ouvrière de broudure, pour le boursse, LXXII s. — A Jean Sauwalle, paintre, pour le pierre saint Fremin, XIIII s. — A Robin Cauxflans et Willemet, son compaignon, tailleurs espinchiers de grès, demourans a Vallenchiennes, LXXVIII, s.

Compte n° 20.

Compte de l'année 1425-1426. — (Les arbaletriers d'Amiens se rendent au tir de Thérouane ; Hennequin Menon, flamand, vend du drap à la ville). — A Anne de Flers, vesve de feu Nicaise Sauwalle, pour XVIII escuchons armoyés des armes de le ville, pour mettre et ataquier aux II banquiers que ladicte ville a fait faire l'un en le haulte salle de le Maison des cloquiers et l'autre en le salle du plaidoir en ladicte maison, LX s. — A elle, pour le boursse, LXXI s. — A Jehan Marmion, paintre, la somme de X sous parisis, qui deue lui estoit pour avoir paint de nouvel le pierre estant ou devant de l'église Saint-Fremin pour la solempnité du jour de l'Ascension et les queminées des Cloquiers, par mandement donné le VIIIe jour de may, l'an mil IIII^c XXVI, X s. — A Simon Le Borgne, marchant de bos, pour ung demi bort d'Illande, dont fu fait I escu que on bailla a ung tailleur d'images, pour y faire et tailler les armes de le ville avec ung angle qui tenra ledit escu a un pignon d'un cappitel et hurlas lors fait au-dessus de le porte et entrée sur rue des Cloquiers, II s. VIII d. — A Jehan Luitefort tailleur d'ymaiges, pour avoir taillié ung angle tenant un escu de bos de quesne de deux piés de long ou environ, et en icellui taillié les armes de le ville, pour icellui mettre et poser au pignon du cappitel fait pour l'uisserie et entrée sur rue des Clocquiers, XXVIII s. — A maistre Andrieu Dippre, paintre demourant a Amiens, le Vᵉ jour de may mil IIIIᶜ XXVI, pour avoir doré et paint des armes de le ville une banière d'arain qui fait wirewite a ung cappitel nouvellement fait au dessus de le porte et entrée sur rue des Clocquiers, et avoir doré et paint ung angle de bos tenant I escu des armes de le ville, le quel est elevé et atachié en le face du pignon dudit cappitel, LVI s. — A lui, pour avoir paint le portail dudit lieu des Clocquiers, XII l. par. — A Guillemin Martin, huchier demourant a Amiens, pour avoir taillié ung banc notable et hault avec une table et deux tretiaux servant a icellui banc, ouquel banc et table ledit huchier a entaillié et pourtrait les armes d'Amiens, pour servir et mettre en le salle pavée hault de le Maison et demeure des clocquiers ou devant de le queminée qui y est, VIII l. VI s. IIII d. — A Jehan Le Wery, paveur demourant a Cambray... — A maistre Andrieu Dippre, paintre, pour avoir paint sur une banière d'arain tant a ung lez comme a un autre les armes de le ville, la quelle fust mise et posé a l'escharguette de le porte de le Longuemaisiere, et pour or et couleurs, XVI s. — A lui, pour avoir paint d'or, d'azur et de vermeillon, a oille, les armes de le ville a IIII penonchiaus d'arain faisans werewitte aux quatre frenestres du clocquier d'icelle escharguette, XLVI s.   Comte nᵒ 21.

Compte de l'année 1426-1427. — Reçus bourgeois : Jaque de Blangy, orfevre, Jehan de Namps, huchier. — (Les arbaletriers d'Amiens se rendent à un tir à Saint-Omer). — A Olivier de Wailly, orfevre, pour avoir fait et gravé un ponchon, un martelet, et une petite englume de fer, pour signer et marquier les draps forains d'icelle ville. — A Jehan Le Carpentier, escripvent, pour avoir lyé et couvert de couvertures de bos couvertes de cuir vermeil et de clous de coivre fermaus (?) par dessus un grant livre fait et escript en parchemin de grosse lettre de fourme, où sont escript pluiseurs édis... — A maistre Jehan Marmion, la somme de X s. parisis, qui ordonnez luy ont esté pour son sallaire de avoir renouvellé et paint de nouvel le pierre assise ou devant de l'église Saint-Fremin, XII s. — A Anne de Flers, vesve de Nicaise Sauwale, ouvrière de broudure, pour le boursse, LXIX s.   Compte nᵒ 22.

Compte de l'année 1427-1428. — A Jaque de Blangy, orfevre, pour une tasse d'argent donnee

à Henriet Lebrun, soy disant messagier de monseigneur le duc de Bourgoigne, LXVI s. — A Tassart Latargie, dit le broudeur, pour une bourse, XX s. — A Anne de Flers, vesve de Nicaise Sauwale, ossy pour une boursse, LXIIII s. — A Jehan Sauwale, paintre, pour le pierre Saint-Fremin, XII s.   Compte nᵒ 23.

Compte de l'année 1428-1429. — A Jaque Damiens, orfevre, pour ung calice d'argent doré, donné à Thomas Ergon, relligieux des Carmes, qui par pluiseurs journées a preschié en le ville d'Amiens, XV l. XVI s. — A Anne de Flers, pour le boursse, LXXII s. — A Jehan Douchet, orfèvre, pour avoir gravé ung seel pour seller les draps forains, VIII s. — A Jehan Sauwale, paintre, pour le piere Saint-Fremin, XII s. — A Anne de Flers, pour XII escuchons de broudure des armes de la ville, assis sur certains paltos et le burel des Cloquiers et de le Malemaison.   Compte nᵒ 24.

Compte de l'année 1430-1431. — A Jaque de Blangy, orfèvre, pour une esguiere d'argent et le faichon, esmail et dorure d'icelle esguière, donnée a Jaque Clabaut, bourgois d'Abbeville, XIII l. XVII s. — A Ector Thony, paintre, pour le pierre St-Fremin et le queminée des Cloquiers, XIIII s.   Compte nᵒ 25.

Compte de l'année 1432-1433. — A Jehan Sauwale, paintre, pour le pierre St-Fremin, XII s. — A dame Anne de Flers, pour le boursse, IIII l. VI s. — A Simon Sauvage, voirrier demourant a Amiens, le XXIXᵉ jour d'aoust l'an mil IIIIᶜ et XXXIII, pour avoir fait, livré et assis XXVI piez et les trois quars d'un pied d'ouvrages de son voirre et aultres étoffes, en quatre penias et un cassis tant en l'auditoire aux plais de messeigneur maieus et esquievins aux Cloquiers, comme en l'eurieul, par marchié LXXV s. Item pour ung penel de blanc voirre ou dit eurieul XII. Item, autres ouvrages, VI l. VII s. — A lui, pour oster une partie des verrieres de l'église de Saint-Martin ou bourcq en Amiens, à l'endroit des hurrelas dudit Saint-Martin, III s. par.   Compte nᵒ 26.

Compte pour l'année 1433-1434. — A Jehan Sauwalle, paintre, pour le piere Saint-Fremin, XII s. — A luy, pour colle et couleur a avoir suffisamment couvert de le toille a lui baillie, colé et paint des armes de la ville d'Amiens XL pavois appertenans a la ville, XLI s.   Compte nᵒ 27

Compte de l'année 1435-1436. — A Tassart Latargie, broudeur, pour le boursse, LXIIII s. — A Pietere Sablon, orfevre, pour le fachon d'un ymage d'or de saint Jehan que on avoit intencion faire presenter a madame la ducesse de Bourgogne, a sa premiere entrée, se elle y fust venue, XLVI l. II s. — A Thomas Philippe, orfevre, pour l'achat a luy fait d'une coulpe d'argent dorée, pesans III mars, laquelle fu donnée et présentée a madame de Rivery, femme de Jehan de Fosseux, XXXII l. XV s. Compte n° 29.

Compte pour l'année 1437-1438. — A Jehan Sauwalle, paintre pour le pierre Saint-Fremin, XII s. Compte n° 30.

Compte pour l'année 1440-1441. — A Tassart Latargie, broudeur, pour une neufve boursse, IIII l. IIII s. — A Jehan Sauwalle, paintre, pour le pierre Saint-Fremin, XII s.
Compte n° 31.

Compte pour l'année 1442-1443. — Receu de Estève Lepetit, hautelicheur, pour droit de vente et issue, XLVI s. — A Henry Oberon, orfevre demourant a Amiens, pour ung escuchon d'argent doré et esmaillié aux armes de la ville, XXXVI s. — A Jehan de Rosendael, broudeur, demourant a Amiens, pour le bourse, LXXI s. — A Jehan Sauwalle, paintre, pour le pierre Saint-Fremin, XII s. — A Jehan Lemannier, Andrieu le paintre et Guillaume Sauwalle, pour eulx et leurs compaignons avoir faict les mystères et jeus de personnages a la joyeuse venue de monseigneur le Dalphin, XXVII s.
Compte n° 32.

Compte pour l'année 1443-1444. — A Jehan de Rosendael, broudeur demourant a Amiens, pour une boursse de velours, LXX s. — A Jehan Sauwalle, paintre, pour le pierre Saint-Fremin, XII s. — A maistre Jehan Marmion, paintre demourant a Amiens, le XXIIe jour de juing mil IIIIc XLIIII, pour sa paine et salaire d'avoir paint a oeulle et de ses couleurs, les armes d'Amiens sur une baniere d'airain, a l'un costé et a l'autre, comme pour or et couleurs, laquelle baniere est mise ou pilory ou marchié d'Amiens, pour ce par accord, IIII s. Compte n° 33.

Compte pour l'année 1444-1445. — A Jehan de Rozendal, broudeur, pour un boursse de velours, LXX s. — A Jehan Sauwalle, pour avoir paint le piere saint Fremin, XII s. — A Micquelot Luittefort, tailleur de ymaiges, demourant a Amiens, pour sa paine et desserte d'avoir taillié et fait un personnage et ymage de saint Fremin le martir et le personnage d'un tirant qui fait maniere de décoler le quief dudit ymage de saint Fremin, tous fais d'un pierre...... XXXII s.
Compte n° 33bis.

Compte pour l'année 1446-1447. — A Jehan de Rozendal, broudeur demourant à Amiens, pour le bourse de velours bleu, LXX s. — A Jehan Sauwalle, pour avoir paint le pierre saint Fremin, XX s. — A Jehan Denis, tapissier, demourant en la rue du Clenquart (?), VI s. — A Micquelot Luittefort, paintre et tailleur de ymages demourant à Amiens, en la sepmaine du VIe jour de mars mil CCCCXLVI, pour avoir taillié et fait, en et sus ung croiseillon de pierre de Croissy le pourtraitture et ramembrance de ung crucefix eslevé à l'un des lez et mis pourtraicture, ymage et ramembrance de Nostre Dame à l'autre lez tenant uu enfant, lequel croiseillon on a assey sur et au bout de le flecque ou coulombe de piet droit, estant et posé sur le cauchie en terre, ou millieu de le rue qui maine des Frères Prescheurs Jacobins à Saint-Denis et a le porte de Paris, XXIIII s. Compte n° 34.

Compte pour l'année 1447-1448. — A Jehan de France, escripvain et lyeur de livres, (pour papier, parchemin et reliure). Compte n° 35.

Compte pour l'année 1448-1449. — A Simonnet Marmion, paintre, pour sa paine et salaire d'avoir paint a ses despens le pierre saint Fremin a le porte, pour la solempnité du jour de l'Assencion, mil IIIIc XLIX, ouquel jour l'en a acoustumé, en la dicte ville, porter la fiertre de monseigneur saint Fremin le martir, laquelle fiertre on repose et met sur la dite piere, pour ce par mandement du IIIe jour de juing mil IIIIc XLIX, cy rendut, XII s. — A Jehan Le Roy, paintre demourant a Amiens, pour coulleurs dont il a paint à oelle VIII des viez pavois de la ville des armes d'icelle...... XIII s. — A Toussaint De le porte, paintre demourant a Amiens, pour l'acat de XVI banierettes de toille paintes des armes d'Amiens, V s. IIII d. — A Simonnet Marmion, paintre demourant a Amiens, en la sepmaine du XXe jour d'octobre oudit an, tant pour sa desserte comme pour coulleur et or, avoir paint a oeulle les armes de la dicte ville d'Amiens sur deux estandars d'arain que on mist pour wirewittes ou comble de nouvel faict et couvert d'aissaulx sur le machonnerie d'une petite tour de nouvel faicte et machonnée sur la rivière de Somme en l'ostellerie ou fain, ou grant cay. Et pour aussy avoir paint a oeulle d'autre coulleurs les deux heuses et espis de plonc, ouvrez et estanez de foeulles de plonc, paié pour le tout, XIX s.
Compte n° 36.

Compte pour l'année 1449-1450. — A Jehan de Rozendal broudeur, pour la bourse de vellours bleu... LXXII s. — A Simonnet Marmion, paintre demourant à Amiens, en la semaine du XIXe jour d'octobre, pour sa desserte, couleur et or a avoir peint a oeulle de fin azur et doré de fin or, les armes du Roy, nostre sire, sur une bannière d'arain quarrée, à l'un de lez et à l'autre, aussy paint a oeulle de gueules et d'azur et doré de fin or les armes de la ville d'Amiens a l'un costé et à l'autre IIII panonchias d'arain, laquelle baniere et panonchias on mist pour wirewittes tournans aux vens a icelleuy comble (du marchié) et aux pignacles d'icelleuy. Et avecque, paint a oeulle de pluiseurs ses couleurs de fin or les heuses, pommias, espis, focullages et autres ouvrages de ploncq, qui sont autour de V verghes de fer portans les dis panonchias et baniere, et pareillement paint les crettes et festissures de plonq de IIII pignacles des osteulx des susdis pource par marchié, CXVI s. Compte n° 37.

Compte pour l'année 1451-1452. — A Jehan Des Liches, escripvent et lieur de livres (pour papier et parchemin), XI s. VIII d. — A Jehan Le Roy, paintre, pour avoir paint le piere saint Fremin, XII s. — A Jehan de Rozendal, broudeur, pour le façon d'une bourse de vellours bleu, armoyé aus armes de la ville, baillée à monseigneur le maieur pour porter a sa chainture et mettre le seel aux causes et les clefs de la Maison oeurieul des Clocquiers, ainsique chascun maieur a accoustumé, LXXI s. — A Symonnet Marmion, paintre demourant a Amiens, pour son sallaire et paine d'avoir doré de fin or et paint a oeulle de diverses couleurs une grande heuse de ploncq, faitte en VI pans avec son espy et plommiau, et chascune picche ouvrée de focules de plonc, tout assis et mis le XVIIIe jour de novembre l'an mil IIII^c et LI sur le comble du puch de le Haulte rue. Et avec che doré et paint a oeule et doré de son or et couleur les armes d'Amiens sur une baniere d'arain a tout son fer de lance, contenant la dicte baniere XI paux desquarris, tout au pris de XLVIII s. par marchié, XLVIII s.
 Compte n° 38.

Compte pour l'année 1453-1454. — A Jehan Le Roy, paintre, pour avoir paint le piere saint Fremin aux armes du Roy et de la ville pour le jour de l'Assencion, XII s. — A Simonnet Marmion, paintre, payé la somme de dix neuf livres quatre solz, pour sa paine et salaire d'avoir paint et ouvré ung tableau ou est figuré la representacion de Nostre Seigneur Jhesus, Nostre Dame, saint Jehan et autres personnages, de ouvrage d'or, azur et d'aultres fines paintures bien riches, pour ledit tablel mettre et assir ou plaidoir des Clocquiers d'icelle ville, ou lieu du vielz qui y estoit ou l'on ne veoit plus quelque figure ou representacion dont l'on peust faire serment sur icelluy tablel comme par aucun mandement du XXVIIIe jour de juing ou dit an cy rendu appert, pource par quictance sur ce faicte, XIX l. IIII s. — A Davyot de Herselames, broudeur, pour la facon et brouderie de fleurs de lis d'or atachiée sus,

dont a este faicte une bourse armoyée aux armes de ladicte ville, baillée à monseigneur le maieur..., laquelle bourse est estoffée de soye bien richement, LXXI s. Compte n° 39.

Compte pour l'année 1455-1456. — A Remon Simonnart, pour avoir paint le piere saint Fremin, XII s. — A Davyot de Herselaines, broudeur, pour la bourse de vellours..., IIII l.
 Compte n° 40.

Compte pour l'année 1456-1457. — A Baudin Elles (?), marchant de ymages des pays d'Alemagne, pour acat d'un crucefix paint sur toile, avec les ymages Nostre Dame, et saint Jehan l'euvangeliste, que fust mis a l'oeurieul des Clocquiers, pour la décoration dudit lieu, XXXII s. — A Remond Simonnart, paintre pour avoir paint le piere saint Fremin, XII s. — A Daviot de Herselaines, broudeur, pour le bourse de velours, LXXII s. Compte n° 41.

Compte pour l'année 1457-1458. — A Daviot de Herselaines, broudeur, pour le bourse, LXI s. — A Remond Simonart, pour avoir paint aux armes du Roy et de la ville la piere saint Fremin, XII s. — A Toussaint De le porte paintre, a Amiens, pour avoir livré or et doré les baniere, heuse et feulles de plonc des comble de le tour saint Nicolay, paint de couleur et doré a oeule de fin or quatre feulles a ledicte tour, LII s.
 Compte n° 42.

Compte pour l'année 1458-1459. — A Remon Simonart, paintre, pour avoir des armes du roy et de le ville le piere saint Fremin, XII s. — A Daviot de Herselaines, broudeur, pour la bourse IIII l. Compte n° 43.

Compte pour l'année 1459-1460. — A Pierre Bengier, paintre, pour la pierre saint Fremin, XII s. — A Toussaint De le porte, paintre, pour avoir doré de fin or le pommel, heuse et feulles d'un estandart et y paint les armes de ladite ville, XL s. Compte n° 44.

Compte pour l'année 1461-1462. — A Daviot de Herselaines, pour la bourse de velours, C s. — A George Corne, huchier, pour avoir fait, taillié et assemblé ung biau drechoir de bois, qui a esté mis et par lui atachié en la chambre du conseil a l'hostel des Clocquiers, ou quel marchié il maintenoit avoir beaucoup perdu et aussi avoir fait ung angle et ung ymage de Nostre Dame, LXXII s. — A Pierre Gendarme, paintre, pour le pierre saint Fremin. Compte n° 45.

Compte pour l'année 1462-1463. — A Pierre Bengier dit Gendarme, pour avoir paint le pierre saint Fremin. — A David de Herselaines, broudeur, pour la bourse, VI l. X s. Compte n° 46.

Compte pour l'année 1463-1464. — A Toussaint De le porte, pour certain ouvrage de son mestier qu'il a fait en la chambre du conseil aux Clocquiers, XLVIII s.—A lui pour avoir paint et livré XXIIII escuchons aux armes de la ville qui ont esté atachiez a XXIIII torses portées a le procession pour l'honneur du Roy, LXXII s. — A Pierre Bengier, pour le pierre saint Fremin, XII s. — A Pierre Latargié, orfèvre demourant a Amiens, pour l'achat de XX marcs d'argent dont il fit deux dragioirs et les louchettes y servans, lesquels furent présentés a la Royne de France a sa joyeuse et premiere venue en ceste ville d'Amiens. — A David de Herselaines, pour le bourse de velours, LXXII s. — A Michaut Luitefort, paintre, pour avoir paint et estoffé de couleurs a oeule et doré de fin or le tabernacle qui fait pommel au dessus des puch du marchié, paint aussy ladicte heuse et la baniere aux armes de la dicte ville, LXVIII l. Compte n° 47.

Compte pour l'année 1467-1468. — A Colart Latargié, pour avoir paint la pierre saint Fremin, XII s. — A Jehan Le soieur, verrier, pour ou plaidoir de le Malemaison avoir livré chinquante piez de neuf voirre es fenestres dudit plaidoir, mis XXII escuchons aus armes du Roy, de monseigneur de Berry, de monseigneur de Bourgongne et de le ville d'Amiens... Compte n° 48.

Compte pour l'année 1468-1467. — A Pierre Gendarme, pour avoir paint le pierre Saint-Fremin, XII s. — A Ricquier Haulroye, paintre, payé XVI sols pour avoir paint, au commandement de mesdis seigneurs, la fortresse de ledicte ville viese et nouvelle, prenant depuis le pont Saint-Michiel jusques au pont Sire Jehan du Cange, depuis le porte de Noyon jusques a le portelette de Bar (?), ensemble les eaues qui se prennent depuis le barriere et tout dessoubs le praillon en venant dudit pont du Cange selon les murs de ladicte ville qui respondent au pont Barrabant et dudit Pont du Cange au pont des Célestins et de saint Pierre, XVI s. — A Riquerot Haurroye, paintre, pour avoir paint et estoffé d'or et d'azur les armes de la ville en le machonnerie dessus la porte saint Miquiel, XIII s. VI d. Compte n° 49.

Compte pour l'année 1469-1470. — A Pierre Bengier dit Gendarme, pour avoir paint le pierre saint Fremin, XII s. Compte n° 50.

Compte pour l'année 1472-1473. — A David de Herselaines, pour la bourse de velours, CXVI s. — A Pierre Gendarme, paintre, pour la pierre Saint-Fremin, XII s. — A Jehan Bengier, paintre, pour avoir paint d'or et d'azur deux pavillons, le

festissure et heuses mis sur le comble de nouveau pont levis de le porte saint Pierre... Compte n° 51.

Compte pour l'année 1474-1475. — A Jehan Rousse, escrivain, pour avoir lyé et couvert ung grant livre en parchemin, ou quel sont enregistrez les anchiens estatus de ledicte ville, XIX s. — A Pierre Bengier dit Gendarme, pour avoir paint la pierre saint Fremin XII s. — A Pierre de Dury, orfevre, pour avoir gravé deux escuchons des armes de la ville, XVI s. — A Guillaume Du Masis, paintre, pour avoir fait et paint les armes de la ville entailliez en ung escu de pierre sur le porte de l'entrée des halles XX s. Compte n° 52.

Compte pour l'année 1475-1476. — A Jacque Piquet, pour avoir fait de brouderie ung escu armoié des armes de ledite ville, mis aus besaches de cellui qui quiert par ledicte ville le pain des prisonniers, VI s. — A David de Herselaines, pour la bourse de velours, C s.— A Jehan Rousse, escripvain, pour avoir lyé ung des registres en parchemin de la ville ou sont registrées les ventes, baux, accors et autres lettres, VIII s. — A luy, pour avoir riculé et lyé ung registre ou on enregistre les chartres, lettres et previleges de le ville pour les roys de France, VIII s. — A Bernart Marchant, entailleur d'ymaiges, pour avoir fait et taillié en pierre ung grant ymaige de saint Loys, mis a le porte de bolevert de le porte Montrescu, VII l. — A Jehan Bengier, paintre, pour avoir paint et doré d'or et d'asur ladicte ymage de saint Loys et livré toutes les estoffes, XI l. III s. — Audit Jehan pour avais paint et doré d'or et d'asur la croix estant au dehors de le porte de Longuemaisière, XIIII l. XVI s. — A Nicolas Latargié verrier a Amiens, pour avoir remis a point les verrieres des Clocquiers, comme pour avoir refait XXVI peniaux pour le verriere de le salle du conseil, y mis plusieurs losenges et bordures... Compte n° 53.

Compte pour l'année 1476-1477. — A Jehan Rousse, escripvain, pour coyers de parchemin qui sont a ung grant livre ou quel sont enregistrées les offices et estatus de le ville, avec couvertures de bos... et pour avoir lyé deux autres registres dont en l'un on enregistre des causes communes et en l'autre des vendicions, IIII l. XVIII s. — A Jehan Bengier, paintre, pour avoir paint pluseurs bannieres aux armes de la ville, pour mettre aux charioz qui menoient vivres à l'ost du Roy, XII s. Compte n° 54.

Compte de l'année 1477-1478. — De Guillaume Le Maire, huchier, nouveau bourgois, V s. — A David de Herselaines, broudeur, pour ung petit escuchon ou ensegne pour celui qui pourcache pour les povres prisonniers du beffroy. V s. — A Guillaume Du Massis, paintre pour le pierre Saint-Fremin, XII s. — A Jehan Bengier, pour avoir paint XII baneroles armoiées des armes de la ville a mettre sur XII cars de vivres envoyez a l'ost et armée du Roy, XII s. Compte n° 55

Compte pour l'année 1478-1479. — A David de Herselaines, pour la bourse de velours, C s. — A Jehan Rousse, pour ung almanac à l'usaige de le Maison des clocquiers, XI s. — A Colart Leclerc, d'Arras, pour l'achat a lui fait d'un paltot de hauttelisse pour l'ostel de la ville, IIII l. — A Jehan Denis, d'Arras, pour l'achat a lui fait d'un drap de haultelisse a mettre au devant de le cheminée de le Maison des Clocquiers, XIX l. III s. — A Pierre Graincourt, broudeur, pour avoir ralargi d'un piet ung drap de haultelisse achetté par messeigneurs a mettre en l'oeurieul des Clocpuiers ou devant de le cheminée et aussi pour y faire de broudure les armes du Roy, IIII l. — A Ricquier Haulroye, pour avoir paint cinq banieres avec les heuses et fronteaux, et en chascune desdites banieres paint les armes du Roy d'un costé, et d'aultre les armes de la ville, XL s. — A luy, pour avoir paint et doré deux grandes heuses de plonc, pour les deux bouts du comble de la grosse tour, IIII l. XVI s.   Compte n° 56.

Compte de l'année 1479-1480. — De Jehan Bengier, paintre, la somme de XVI sous deubz a la ville a cause de la vendicion de la moictié de une maison en le rue des Granges, XVI s. IX d. — A Ricquier Haulroye, paintre, pour avoir fait, de la charge de messeigneurs, une histoire a vingnette en ung livre que messeigneurs avoient fait faire pour icelle ville, XXIIII s. — A Jehan Duquet, escripvain, pour avoir enluminé d'azur et de vermeillon ung livre que messeigneur avoient fait faire pour la dicte ville, faisant mention de pluseurs traicticz et accords pieca faiz entre pluseurs rois, princes et comtes, avec ce relyé, LVII s. — A David de Herselaines, pour le bourse V s. IX d. — A Guillaume Du Massis, paintre, pour avoir paint le pierre sant Fremin, XII s. — A Ricquier Haulroye, paintre, pour avoir paint et doré les deux grandes heuses de plonc, pour les deux boutz de la grosse tour de Graincourt... — A Pierre Guitant, orfevre, pour une petite bulette d'or esmaillée, en laquelle avait une ymage du chief saint Jehan, laquelle fut donnée a le femme de Matthieu Beauvarlet, général sur le fait des finances...   Compte n° 56bis.

Compte pour l'année 1480-1481. — De Pierre Bengier, la somme de XII..., pour moitié de la vente d'une grange. — A David de Herselaines, pour la bourse VI l. X s. — A Robert Letieullier,

paintre, pour la pierre Saint Firmin, XVI s. — A Jehan Bengier, pour avoir paint plusieurs fleurs de lys sur les bannieres de la ville, XXII s. — A luy, pour avoir paint et rapointié en l'oeurieul des Clocquiers, une image de Nostre Dame et ung escu ou sont les armes de la ville, XL s.   Compte n° 57.

Compte pour l'année 1481-1482. — A Jehan Bengier, pour avoir fait XXIIII escuchons aux armes de la ville, LXXII s. — A luy, pour avoir paint la petite chambre des Cloquiers, XI l. III s. — A luy, pour XII banerolles, XII s. — A Jake Has, tailleur d'ymages, pour avoir remis a point ung ymage de saint Miquelet, mis au Pont noef vers le Vidame, VIII s.   Compte n° 58.

Compte pour l'année 1482-1483. — A Robert Le tieullier, paintre, pour la pierre Saint-Firmin, XVI s. — A Jehan Obry, enlumineur, pour avoir enluminé aucuns livres appertenans a le ville, X l. XV s. — A Jehan Bengier, pour avoir paint six bastons semés de doffins et marguerites servans au palle porté par aucuns de messeigneurs (les esquievins) sur madame la Doffine, a son entrée en icelle ville, IIII l. III s. — A Pierre Barbe, paintre, pour avoir paint aucuns ymages de monsieur saint Anthoine et aultres paintures en la ruelle aupres de l'uis derriere les Cloquiers, XII s. — A Colart de Herselaines et Jehan Legrant, pour avoir fait de broudure ung escu aux armes de la ville, X s. — A Jehan Bengier, pour avoir fait XVIII XIImes d'escuchons des armes de feu le Roy, mis aux pillers de l'eglise Nostre-Dame quant l'on fist les vegilles, XVI l. XIII s. — A Jaque Has, entailleur d'ymages, pour avoir fait ung nueuf croiseillon pour le croix de Bray, IIII l. III s.   Compte n° 59.

Compte pour l'année 1483-1484. — A Robert Le tieullier, pour la pierre de Saint-Firmin, XVI s. — A Simonnet Lœurieux, tailleur de ymages, pour avoir fait de son bos ung patron de fleurs de lis double de pluseurs pieces, sur lequel patron a esté fait le fleur de lis de plonc estant sur le comble du puis de Belle Croix XII s. — A luy, pour avoir fait et assis ung ymage de saint Pierre, a le porte de Beauvais, IIII l. — A Ricquier Haulroye, paintre, pour avoir paint le fleur de lis... X l., et avoir doré et estoffé le ymage de saint Pierre a le porte Saint-Pierre et paint illec deux angles tenans les armes du Roy, XII l.   Compte n° 60.

Compte pour l'année 1484-1485. — A Jehan Bengier, paintre, pour avoir paint aucuns personnages au commencement d'un livre nagueres renouvelé, ou sont enregistrez les habitans et nouveaux bourgois, XVI s. — A luy, pour avoir paint sur parchemin et papier le cours de la rivière de Selle, ou sont les vilaiges. molins, ventelles estans sur icelle rivière depuis Croissy jusques a le ville d'Amiens, et aussi paint le riviere venant depuis Fameschon jusques à Renti, XL s. — A luy, pour autres travaux non mentionnés, XXVII l. VII s. — A Robert Le tieullier, pour la pierre Saint-Firmin, XVI s. — A Ricquier Haulroye, pour avoir repaint l'image de Nostre Dame du bolevert de le porte de Montrescu, et paint et doré le tabernacle estant dessus le dict image, C. s.

Compte n° 61.

Compte pour l'année 1485-1486. — A Robert Le tieullier, pour la pierre Saint-Firmin, XVI s. — A Ricquier Haulroye, pour avoir paint deux banieres mises sur deux combles, les heuses et le fronteau, XXXVII s.   *Compte n° 62.*

Compte pour l'année 1486-1487. — A Nicolas de Herselaines, broudeur, pour la bourse en velours, VI l. — A Jehan Leurens, escripvain, pour avoir enluminé d'or et d'azur et vigneté les deux premiers pages de deux livres faisans mentions des cronicques de France appertenans a icelle ville, esquels livres y a III^c LXXVIII grans lettres d'or au pris de VI s. le cent, en ce comprens le couverture et lyage des dis deux livres, XLVIII s. — A Jehan Larchevesque, paintre, pour avoir paint plusieurs ymages au renclusage saint Jacque, XX s. *Compte n° 63.*

Compte pour l'année 1487-1488. — A Robert Le tieullier pour la pierre Saint-Firmin, XVII s. — A Ricquier Hauroye, pour avoir paint, doré et estoffé la grande heuse et fleur de lis, avec les espis et heuses de le tour du Vidame, XIII l. — A Jehan Warin, tailleur d'ymages, pour avoir fait et livré a le porte de le Hautoye, une ymage de saint Jehan Baptiste, XLVIII s. — A Guillaume Desmasis, huchier, pour avoir fait de son bos un grant tablet pour mettre a l'hostel des Clocquiers, XXXII s. — A Ricquier Haurroye, pour avoir paint et doré l'ymage saint Jehan et le tabernacle de le porte de le Hautoye, VI l. — A Pierre Barbet, paintre, pour avoir paint ung escu de France, deux angles et deux escuchons aux armes d'Amiens a le porte de le Hautoye, XXXII s. — A Pierre de Dury, Jacques d'Estrées, Jacques Raudon et aultres, pour avoir joué trois jeux de personnages sur chariots, avant la ville d'Amiens touchant la prinse de Thérouanne.

Compte n° 64.

Compte pour l'année 1488-1489. — A Robert Le tieullier, pour la pierre Saint-Firmin, XVI s.

— A Colart de Herselaines, broudeur pour VIII escuchons.... — A Ricquier Haulroye, paintre, pour avoir paint, doré et estoffé la heuse des clocquiers de l'escharguelle de le porte de Noion, et fait ung soleil d'or en le houppe du pignon, paint et doré ung escu des armes du Roy nostre sire et deux angelos tenans le dit escu, VIII l.

Compte n° 65.

Compte pour l'année 1489-1490. — A Jacque Hac, tailleur d'ymages, pour avoir fait de sa pierre ung ymage de saint Fremin, IIII l. XVI s. — A Ricquier Hauroye, pour avoir paint, doré et estoffé les chappes françoises et heuses du pignon vers la ville du comble de nouvel fait sur le porte de Noion, XVIII l. X s. — A luy, pour avoir paint, doré et estoffé une ymage de saint Fremin, avec le tabernacle de le dite porte, CX s. — A maistre Robert le paintre, pour avoir paint une chambre haut devant a l'ostel des Clocquiers, IIII l. XV s. — A Jehan Obry, enlumineur, pour avoir de nuit ouvert aux postes passans par le porte Beauvais, le reclos, et netoyé le dite porte et bolevert, par l'espace d'un an, XL s. — A Colart de Herselaines, broudeur, pour la bourse, VII l. — A Robert Le tieullier, pour la pierre Saint-Firmin, XVI s. — A Ricquier Hauroye, paintre, pour avoir paint de figures l'un des ouvrages fais et commencés depuis le tour de ... jusques au pont Du Cange... XXXIII s. A luy, pour une figure plus grant que l'autre du fossé et de la muraille, XX s.   *Compte n° 66.*

Compte pour l'année 1490-1491. — A Jehan Bersingue, paintre, pour avoir paint le chapelle, le réfectoire et l'alée de l'ostel des Seurs Repenties, LXXII s. — A Jaque Platel, paintre, pour avoir paint et estoffé ung crucifix eslevé, une ymage de saint Jehan et une de Nostre Dame pour la chapelle des Sœurs Repenties, XXIIII s. — A Robert Le tieullier, pour la pierre Saint-Firmin, XVI s.   *Compte n° 67.*

Compte pour l'année 1491-1492. — De Pierre De le tombe, Robert de Merques, Jehan Dasin et Gille Delebarre, hautelisseurs, nouveaux bourgois, chescun V s.   *Compte n° 68.*

Compte pour l'année 1492-1493. — A Richier Hauroye, paintre, pour avoir paint, doré et estoffé les deux pignons des loges faictes sur le porte du bolevert de Montrescu, avec ce les heuses, festisseurs et fronteau de ladicte porte, repaint l'image de Nostre-Dame y estant et fait autres ouvrages autour de le dicte ymage, XL l. — A Hue de Bailli, orfevre, pour avoir gravé a deux lez le marteau en fer servant a ferrer les pieces de hautelisse que les haultelisseurs font en ceste ville, XX s. — A Ricquier Hauroye, paintre, pour avoir fait trois patrons divers les uns des autres des présens de mes seigneurs pour le don qu'ils ont intencion faire a la nouvelle entrée de la Royne en ceste ville, XXXII s. — A Robert Le Tieullier, pour la pierre saint Fremin, XVI s.

Compte n° 69.

Compte pour l'année 1493-1494. — A Jehan Bengier, paintre, pour avoir doré et estoffé le miroir de l'ostel des Clocquiers, XXIIII s. — A Robert Le tieullier, pour la pierre de saint Firmin, XVI s. Compte n° 70.

Compte pour l'année 1494-1495. — De Govain Loisel, hautelisseur, nouveau bourgois, V s. — A Ricquier Hauroye, paintre, pour avoir paint les heuses, pommeau, espis et fleurs de lis des pignons des tours des Clocquiers, avec toutes les pourtraictures desdis pignons, IIᵉ l — A Jacques Platel, paintre, pour avoir fait deux figures de partie de la rivière de Somme...... XL s. Compte n° 71.

Compte pour l'année 1495-1496. — A Jehan Warin dit Jehan Ha, demorant a Amiens, pour avoir taillié ung saint Michel et ung tabernacle et les avoir assis au port sur le kay, et aussi taillé l'angle de l'entrepiet dudit ymage, l'escuchon et ung grant escu qui est a la tourelle du costé de la rivière, XXI l. X s. — A Ricquier Hauroye, paintre, pour avoir paint, doré et estoffé de son or et coulleur ledit saint Michiel et aussi la croix, le heuse et les rayes de soleil et flambez du comble de ladicte tour, XXVI l. Compte n° 72.

Compte pour l'année 1496-1497. — A Ricquier Hauroye, pour avoir paint et doré trois fronteaux, trois heuses et une baniere a l'ostel des Clocquiers, CX s. — A Colart de Herselaines, pour la bourse de velours, VII l. — A Robert Le tieullier, pour la pierre saint Firmin, XVI s. Compte n° 73.

Compte pour l'année 1497-1498. — A Jehan Warin dit Ha, pour avoir entaillé en pierre de Faloize l'escu timberé de le porte de Beauvais, les deux angles et deux licornes, deux escus de la ville et l'amortissement du tabernacle de l'ymage de la dite porte, XL l. — A Nicolas de Herchelaines, pour la bourse de velours VII l. — A lui, pour un escuchon armoié des armes de ladicte ville, V solz. — A Ricquier Haulroye et Jehan Bengier, paintres ; audit Ricquier, pour avoir fait et livré LXXVI escuchons des armes de France, qui ont servy aux vigilles et service fait pour le feu roy Charles en l'église de Nostre Dame d'Amiens ; audit Bengier, pour LXVIII paraus escuchons pour ledit service, X l. XVI s. — A Yddier Cugus orfevre... LX s. — A Jehan Bengier, paintre, pour avoir refait ung tablet ou est le cruchefiement de Nostre Seigneur Jhesus Crist estant en l'oericul de le ville, XXIII s.

Compte n° 74.

Compte pour l'année 1498-1499. — A Nicolle Latargie, verrier, pour une lanterne, XXIIII s. — A Jehan Warin, tailleur d'ymages, pour avoir entaillé deux escuchons des armes de la ville, pour le mur de clôture, XVI s. — A Ricquier Hauroye, paintre, pour avoir paint, doré et estoffé les heuses, cappes françoises, espis et foeullages de quatre grans oignons de lis de le porte de Beauvais, en ce compriens le pingnon du costé du bolvert avec le pelliquan ; item, les heuses des deux grosses tours et des deux petites, le heuse du clocquier et les flambes et rayes de solaux dudit cloquier et des deux petites tours ; les heuses, les cappes françoises des quatre fenestres des deux grosses tours et les quatre fenestres des pingnons par dedens la ville, CVI l. — A lui, pour avoir paint, doré et estoffé le fronteau de ladicte porte du costé du bolvert, les deux licornes et touttes les armoiries, ainsy que le dit fronteau se montre. Taussé par quatre paintres, XLII l. — A Colart de Herselaines, pour la bourse, VII l. — A Robert Le thieullier, pour la pierre saint Firmin, XVI s. Compte n° 75.

Compte pour l'année 1499-1500. — Nouveaux bourgois Martin Boullon, haultelisseur, Legier Faverel, tapissier, Jehan Le quertier (?), tapissier. — A Andrieu de Moncheaux, paintre, pour avoir paint les heuses, festissures et crestes de windas et armoyé les deux banieres des armes de la ville, LXIIII s. — A Nicolle le verrier, pour avoir relavé un paneau de voirre a l'eschevinage, XVII s. — A Robert le paintre, pour avoir paint une chambre audit lieu, XLVIII s. — A Jehan de Herselaines brodeur, pour ung escu brodé... XI s. VI d. — A Nicolas de Herselaines, broudeur, pour le bourse de velours, VII l. — A Robert Le Thieulier, pour la pierre saint Firmin, XVI s. Compte n° 75ᵇⁱˢ.

Compte pour l'année 1500-1501. — A Jehan Ha, tailleur d'ymages pour avoir entaillé ung escuchon des armes de le ville mises a une porte de la Halle, VI s. — A Ydier Cugu, orfevre, pour avoir gravé deux ponchons pour seller les saies, X s. — A Nicollas de Herselaines, pour la bourse, VII l. — A Robert Le Thieulier, pour la pierre saint Firmin, XVI s. Compte n° 76.

Compte pour l'année 1501-1502. — A Pasquier Quentin, huchier, pour avoir fait le dossier de l'auditoire des Clocquiers et avoir fait deux coffres aux deux bouts du grant banc, IX l. XII s. — A Jehan Quesnel, broudeur demourant a Corbie, pour le bourse, VII l. — A Ydier Cugu orfevre, pour avoir gravé en ung billet d'achier le fer servant a marquer les sayes, XII s. — A Robert Le Thieulier, pour la pierre saint Firmin, XVI s. — A Mas de Bruyne, demourant à Abbeville, pour une verriere a oster en la chappelle aus Augustins a Amiens, X l.   Compte n° 77.

Compte pour l'année 1502-1503. — A Mas de Brune, paintre et verrier demourant a Amiens, pour une verrière en la forme du grant pingnon de l'église des Augustins, XXI l. VI s. — A Robert Le Thieulier, pour la pierre saint Firmin, XVII s. — A Pierre Le Cuyssier, orfevre, pour avoir gravé les armes de la ville a huit canes d'estain, VIII s. — A Adrien de Herselaines, brodeur, pour la bourse, VII l. Compte n° 78.

Compte pour l'année 1503-1504. — A Nicolas de Herselaines, brodeur, pour la bourse, XI s. — A Ydier Cugu, orfevre, pour ponchon d'achier a seller les saies, XVI s. — A Robert Lethieullier pour la pierre saint Firmin, XVI s. — A Jacques Platel, paintre demourant a Amiens, pour douze escuchons en papier, paints et armoyés des armes de deffunct sire Anthoine Clabault, au jour de son trespas mayeur de la ville, lesquelx escuchons, pour la décoracion de son inhumanicion et service, ont esté atachiés aux torsses qui ont servi au service d'icelluy feu, XVIII s.
Compte n° 79.

Compte pour l'année 1505-1560. — A Ydier de Cugu, orfevre, pour avoir refait de nouveau les seaux aux causes de la ville, XIII s. — A Colart de Herselaines, brodeur, pour la bourse, VII l. — A Robert Lethieullier, pour la pierre saint Firmin, XVI s.   Compte n° 80.

Compte pour l'année 1506-1507. — A Andrieu de Moncheaux, paintre demourant a Amiens, pour avair nettoyé et paint de diverses paintures et doré de fin or et azur et aultres coulleurs la croix estant au Marchié au blé que on dist la belle croix, par marchié, XXV l. — A luy, pour avoir doré de fin or la unicorne et soleil, mis sur le comble du puich de la Haulte rue Nostre-Dame fait ceste année, par marchié, XII l. — A luy, pour avoir fait et doré le soleil et autre acomblement du puich nouveau, fait au Grant marchié, par marchié, VIIII l. — A Robert Le Thieulier, pour la pierre saint Firmin, XVI s. — A Nicolas de Herselaines, pour la bourse, VII l. — De Pierre De Leaue, huchier, nouveau bourgois, V s.   Compte n° 81.

Compte pour l'année 1507-1508. — A Jehan Hac, entailleur, pour avoir taillié à la muraille de la porte de la Haultoye quatre escus de pierre ou sont en deux d'iceulx les armes du Roy couronnées et les deux autres des armes de la ville, LXXII s. — A Andrieu de Moucheaux, paintre, pour avoir paint d'azur et doré de fin or les armes du Roy et de la ville, fleurs de litz, festessures. gros pommeaux, cappes franchaises, sur plonq et deux escus sur pierre ou sont les armes du Roy et de la ville, XXVII l. — A Nicolas de Herselaines, pour la bourse, VII l. — A Robert Le tieullier, pour la pierre saint Firmin, XVI s.
Compte n° 82.

Compte pour l'année 1508-1509. — A Andrieu de Moncheaux, pour avoir paint et doré de fin or les armes du Roy nostre sire et celles de la ville et les angles soustenans icelles armes, mises au front de la pointe du bolevert de la porte de Beauvais, par dehors d'icelluy, XVI l. — A Jehan Warein dit Hac entailleur, pour avoir entaillé en pierre les dictes armes et angles, VIII l. — A luy, pour avoir livré la pierre de ung capiteau mis au bolevert ou sont empraintes les armes du Roy, LX s. — A Nicolas de Herselanies, pour la bourse de velours, VII l. — A Robert Le ticullier, pour la pierre de saint Firmin, XVI s.
Compte n° 83.

Compte pour l'année 1509-1510. — A Robert Le Thieullier, pour la pierre saint Firmin, XVI s. — A Nicolas de Herselaines, pour la bourse, VII l.   Compte n° 84.

Compte pour l'année 1510-1511. — A Andrieu de Moncheaux, paintre pour avoir doré une fleur du lits double et ung gros pommeaux et ung autre pommeau et ung litz aux tours près le pont Barraban, VI l. — A Robert Le thieullier, pour la pierre saint Firmin, XVI s.   Compte n° 85.

Compte pour l'année 1511-1512. — A Nicolas de Herselaines, pour la bourse de velours, VII l. — A Robert Le thieullier, pour la pierre saint Firmin, XVI s.   Compte n° 86.

Compte pour l'année 1512-1513. — A Antoine Auquier, entailleur demourant a Amiens, pour avoir fait trois escuchons aux armes du Roy et de la ville mis au guigrelot sur la riviere près le vidame, VII l. X s. — A Jehan Guérin, broudeur, pour escuchons armoyés des armes de le ville, pour estre mis aux torses que l'on porte aux processions, X s.   Compte n° 87.

Compte pour l'année 1513-1514. — A Andrieu de Moncheaux, paintre demourant a Amiens, pour avoir paint et doré les plommeries servans à le tour faite de nuef au pont Du Cange, VII l. — A Antoine Aucquier, entailleur d'ymages, demourant a Amiens, pour avoir par luy fait une licorgne tenant les armoiries de la ville mises sur la tour du pont Du Cange, XXX s. — A Arthur le Scellier, paintre demourant a Amiens, pour les deux grans blasons qui ont servy aux végilles et services naguères fait en la grant église Nostre-Dame d'Amiens pour le salut de l'ame de la Royne de France, IIII l. X s. — A Pierre

Pallette, paintre demourant a Amiens, pour avoir paint de noir le chariot de bos sur lequel l'on mect et porte les gens morts de la peste en terre et sur icelluy fait une grande croix blanche, XIII s. — A Robert Le thieullier, pour la pierre saint Firmin, XVI s.   Compte n° 88.

Compte pour l'année 1514-1515. — A Anthoine Aucquier, entailleur, demourant a Amiens, pour avoir fait ung hours a la thour du pont Du Cange, XIIII s. — A Andrieu de Moncheaux, paintre, pour avoir paint et doré les heuses et festissures et plommeries de la tour a lours du pont Du Cange, IIII l. — A Arthur Le Scellier, paintre, pour VI XII^nes de grans escussons pour le service fait pour le Roy nostre sire, C s. — A Maistre Robert paintre, pour la pierre saint Firmin, XVI s.   Compte n° 89.

Compte pour l'année 1515-1516. — A Jacques Chavins, paintre, pour la pierre saint Firmin, XVI s. — A Pierre Pallette, pour avoir paint et doré deux grans bannieres de taffetas rouge pour porter a la procession du Sacrement, XII l.   Compte n° 90.

Compte pour l'année 1516-1517. — A Nicolas Bacheler, verrier, demourant a Amiens, pour avoir refait les verriers de l'ostel de ville, LXIIII s. III d. — A Jehan De Tombe, entailleur d'images, pour avoir entaillié les armes de la ville à la tour du pont as cornailles, XXIII s. — A Andrieu de Moncheaux, pour avoir paint le heuse du beffroy, XX s. — A Jacques Platel, paintre, demeurant à Amiens, pour avoir relavé l'estoille qui est painte a l'ocurieul de l'istorre de la ville, XXIIII s. — A luy, pour avoir nettoyé, paint et doré le tableau ou quel est la representacion du crucefix, estant en l'auditoire de la maison des Clocquiers, XXX s. — A Jacques Chavins, paintre, pour la pierre de saint Firmin, XVIII s. — A Simon Sauvage, presbtre, pour avoir composé plusieurs mistères et histoires à la joyeuse entrée faite par le Roy et la Royne en la ville d'Amiens......   Compte n° 91.

Compte pour l'année 1517-1518. — A Andrieu de Moncheaux, pour avoir paint et doré les heuses et plommeries de la tour du pont as cornailles... XXII l. — A Jacque Chavins, pour la pierre Saint-Firmin XVI s. — A Andrieu de Moncheaux, pour avoir tiré et pourtraict les murs et fossez de la fortresse d'icelle ville, pour l'envoyer au Roy...   Compte n° 92.

Compte pour l'année 1519-1520. — A Guillaume Guarin, pour XII douzaines d'escus armoyés des armes de la ville, qui sont esté employez aux banquiers et coussins servans en l'ocurieul des Clocquiers, C s. — A Jacques Carpentier, tapis-sier, pour avoir rabilliet et mis a point la tapisserie du Roy, laquelle a servi aux bateaux envoiés a Picquigny... pour le Roy et la Royne... L s. — A Andrieu de Moncheaux, pour banieres servans aux bateaux menans vivres en la ville d'Ardres, ou est le Roy nostre sire et le Roy d'Angletere, LX s.   Compte n° 94.

Compte pour l'année 1520-1521. — A Andrieu de Moncheaux, pour deux pourtraicts du bollevert en platte fourme, IIII l.   Compte n° 95.

Compte pour l'année 1521-1522. — A Jehan Le mangnier, orfevre, pour avoir gravé les ponchons et mercques des saies, XVI s. — A Andrieu de Moncheaux pour XXXVIII douzaines d'escuchons portans les armoiries du Roy et de la ville, pour les chariots conduisans vivres au camp, XII l.   Compte n° 97 et 98.

Compte pour l'année 1522-1523. A Anthoine Aucquier, tailleur d'ymages demourant a Amiens, pour avoir taillié une pierre mise a le porte de Durryaux (?) XXVII s.   Compte n° 99.

Compte de l'année 1523-1524. — A Andrien de Moncheaux, paintre, pour avoir paint et doré le plommerie estans sur la porte de Gayant, LX s.   Compte n° 100.

STATUTS

des paintres, entailleurs, brodeurs, verriers et enlumineurs d'Amiens.

Comme les maistres et compaignons des stilles et mestiers de paintres, entailleurs, verriers, broudeurs et enlumineurs de ceste ville d'Amiens, nous eussent fait présenter certaine requeste en nostre eschevinage, contenant que a nous, soubz le Roy nostre sire, competoit et appartenoit la police et gouvernement de la dicte ville d'Amiens, avec le regard de tous les mestiers d'icelles, ensamble aussi de treter et ordonner en chascun estat et mestier, briefz, status et ordonnances pour le bien de la dicte ville, et de chose publique, iceulx muer, corriger, et augmenter selon l'exigence de cas, lesquelz supplians ne leurs predecesseurs en la dicte ville, autant qu'il fust venu a leur congnoissance, ne avoient jamais eu aucuns briefz, estatus, ne ordonnances, pour laquelle cause et pour le bien et honneur de la dicte ville desdis supplians, et aussy des stilles et mestiers, iceulx supplians avoient advisé ensamble aucuns points et articles, lesquels ils nous requeroient leur estre accordez.

C'est assavoir que doresnavanst tous ceulx qui vouldroient ouvrer et besongner en la dicte ville desdis stilles et mestiers ne se porront entremettre que de ung mestier, se il n'est accordant audit mestier. C'est assavoir que ung paintre ne porra ouvrer d'ouvrage de taille, et ung tailleur paindre, et que ung verrier demourra en son mestier de verrier. Et ainsi de tous autres stilles ou mestiers.

Item, que nuls desdis mestiers ne porront aveir en iceulx mestiers nuls apprentis qu'ils ne soient tenus estre avec eulx serfs et aprentis par le temps et espace de III ans durans et continuelz. Lesquels apprentis chascun puis se venue, seront tenus paier la somme de VIII s. C'est assavoir IIII solz a le confrairie saint Luc, et IIII s. a le volonté desdis maistres.

Item, que lesdis apprentis ne se porront partir des services de leursdis maistres, sans avoir fait et acompli leur service lesdis III ans durans, ne aussy lever leur mestier, sans avoir fait les dis apprentissages, icelluy temps durans.

Item, que tous compaignons, venans de dehors en la dicte ville ne porront besongner ne gaigner sur aucuns desdis maistres plus de VIII jours sans paier chascun II s. pour son entrée... Et s'ils besongnent plus d'un mois, IIII s. chascun mois.

Item, ceulx qui aront fait leur apprentissage ne porront tenir mestiers, qu'ils ne aient paié la somme de IIII l. et qu'ils n'aient fait chef d'œuvre chascun en son stille de ung ymage, tel que luy sera baillié par lesdits maistres.

Item que chascun desdis maistres sera doresnavant contribuable a tout ce que sera advisé et conclud par ladite confrairie.

Item, que les fils des maistres, paieront seulement la somme de XL s. en faisant chef d'œuvre.

Lesquels points devront estre gardés, sous peine d'amende de XX s.

V decembre IIII** XI.

Reg. N. offrant un encadrement et une lettre majuscule exécutés avec habileté par Jean Laurent.

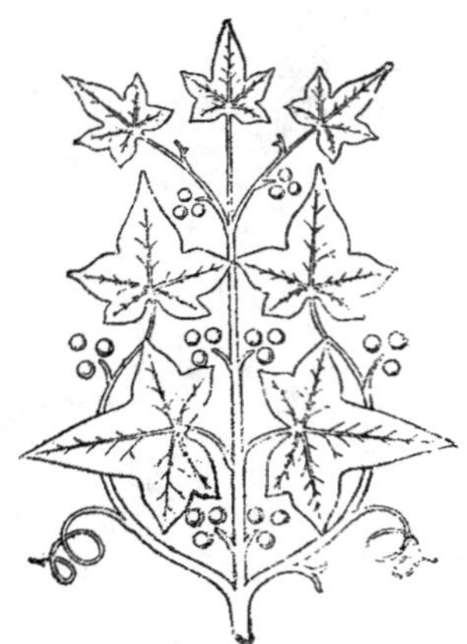

(1) Le beffroi d'Amiens, situé sur la place au fil, n'a jamais fait partie de l'hôtel de ville.

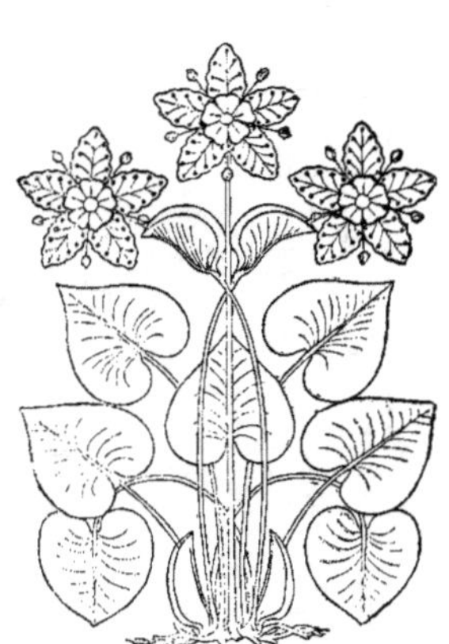

www.ingramcontent.com/pod-product-compliance
Lightning Source LLC
LaVergne TN
LVHW022316170726
843503LV00006B/2543